소통으로
실패를 통해 넘어지고 깨지면서 배운 소통 코드
성공을
디자인하라

소통으로 성공을 디자인하라

초판1쇄 발행 2013년 10월 15일
발행처 순정아이북스

지은이 표영호
발행인 김순정

편집책임 글로리아 김
편 집 김민수
교정교열 장인숙
진 행 장연선(라디오 작가)
디자인 공경회

펴낸곳 순정아이북스
주소 서울시 서초구 서초동 1330-18 현대기림빌딩 704호
전화 (02) 597-8933 팩스 (02) 597-8934
홈페이지 www.soonjung.net
이메일 bestedu11@hanmail.net
출판등록 2002년 10월 8일 제16-2823호

ISBN 978-89-92337-32-8 (13320)

순정아이북스는(Soonjungibooks)는 책과 관련하여 여러분의 소중한 아이디어와 원고를 기다립니다.

스스로에게 기회를 주는 소통교과서!

소통으로 성공을 디자인하라

표영호 지음

순정아이북스

Contents

Part 03 조직, 기업의 성장을 위해 통하라
회사를 발전 · 성공시키는 에너지 소통법

Part 04 세상과 통하라
철저하게 세상을 내 편으로 만드는 소통법

<h1 style="text-align:center">[소통하는 사람, 불통하는 사람
소통하는 사람은 1%가 다르다]</h1>

나에게 소통의 기회를 주자!

당신은 소통을 잘 하고 있다고 착각하며 살고 있지는 않은가?
내 마음부터 열어야 진짜 관계와 성공이 보인다.

'나는 맞고 너는 틀려.'
'나는 옳고 너는 옳지 않아.'
'내 방법이 최고야.'

우리에게는 늘 이렇게 내가 모든 것을 알고 있고, 또 그것이 정답이라고 생각하는 습관이 있다. 아주 못된 습관이며, 생각의 오류가 아니겠는가?

우리는 대화를 할 때 흔히 "내가 얘기해 줄까?", "내 말 좀 들어봐.", "왜 그런 줄 알아?"라는 식의 일방적인 주입식 대화를 하는 경우를 자주 볼 수 있다. 특히 오래된 연인 간이나 함께 사는 부부간에는 더욱더 일방적인 주입식 대화가 많다.

거기에 해묵은 감정까지 실어서 대화를 하는 경우는, 그야말로 소통에 벽을 쌓고 대화를 시작하는 것이다. 이것은 보통의 경우 잘 아는 사이의 대화다. 쉽게 말하면 '알만큼 안다. 뭐~ 이런 식인 것' 이다.

직장에서도 선배가 경험이 좀 더 있다는 걸 내세워 늘 자기 방식이 맞다고 우기는 회의를 자주 볼 수 있다.

'아니, 그럼 그토록 맞다면 왜 여태껏 그 모양일까?

"아~, 그러세요. 그런데 우리는 왜 아직도 이 모양이죠? 그토록 선배가 하는 방식이 맞으면 우리는 일류 팀이 되어 있어야지 왜 이 정도밖에 안될까요?"라고 되묻는 후배는 다행히 아무도 없다. 되묻는 순간 '꼴통' 되고 '왕따' 되기 십상이니 그냥저냥 넘어가는 것이다.

세상엔 정말 많은 종류의 색이 있다. 그런데 사람마다 좋아하는 색깔이 다르고, 선택하는 색깔이 다르다. 색깔마다 차이가 있음을 인정하고, 그 색깔만의 아름다움을 인정할 필요가 있다. 예를 들어 나는 은색 차가 좋은데 상대방은 검은색 차를 좋아하는 걸 이해 못하면 안 된다. 나는 파스텔 톤의 슈트가 맘에 드는데, 상대방은 알록달록한 원색만 섞어놓은 셔츠를 좋아한다면, 그것을 이해하고 인정해 줘야 한다.

또 나와는 반대로, 내가 싫어하는 색을 좋아하는 사람도 반드시 있다. 예를 들어 나는 내 여자 친구가 단정한 옷차림을 했으면 좋겠는데, 그녀가 너무 야하게 입는다고 하자. 그래도 매일 싸우면 안 되는 것이다. 또

한 술 마신 다음날 얼큰한 해장국이 아니라 햄버거를 먹는 다고 해도 이해 못하면 안 된다. 서로 인정해 주면 서로에 대한 신뢰가 쌓인다. 이는 경험해 보지 못하면 모른다.

소통을 이야기하면서 가장 중요한 것이 '나' 라고 생각한다. 소통의 기본은 내가 행복해지기 위함이라는 전제가 꼭 필요하다. 왜냐하면 소통이 안 되면 결국 내가 손해를 보거나 상처를 입게 되니까…. 그러니까 모든 소통의 주체는 '나' 인 것이다. 그런데 소통은 '나' 를 내세우면 백발백중 불통이 되기 십상이다. 그러므로 소통은 '나' 를 버리는 데서부터 출발한다.

'겸손' 이란 나를 낮게 여기는 것이 아니라 나를 덜 생각하는 것이다. 나를 덜 생각하면 소통은 쉬워진다. 쉬워도 아주 쉬워진다.

왜 이 사람과는 소통이 안 될까? 그 누군가와 소통이 안 되고 불통이라면 '그가 문제가 있다.' 라고 하겠지만, '나에게도 문제가 있다.' 는 것을 알아야 한다. 그 사람은 다른 누군가와는 아주 소통이 잘 될 수도 있기 때문이다.

소통은 타인과의 좋은 관계를 목적으로 한다.
나도 곧 그에게는 타인이다.

소통은 내 말에 귀 기울이지 않는 이에게 책임을 전가하는 것이 아니다. 소통은 내 말을 잘 들을 수 있도록 상대의 마음을 여는 것이 먼저다. 그러려면 나부터 '마음열기'를 해야 한다.

닫힌 '나'를 열고 세상과 밸런스(balance)를 맞출 수 있는 능력을 길러야 한다. 그러기에 이 책에서는 소통의 여러 가지 방법 중에서 가장 중요한 '나를 열기'를 먼저 이야기하려 한다. 어떤 '나'이어야 하는지에 대한 이야기가 어쩌면 동기부여가 될 수도 있고, '나'를 돌아보는 계기가 될 수도 있다.

이 책은 열어야 열리는 '마음'처럼, 소통이 잘 될 수 있도록 '나'를 열 수 있도록 인도하는 길잡이 역할을 할 것이다.

Part **01** 나와 통하라

나를 체인지(Change)하여 행복하게 만드는 소통법

나는 언제 가장 행복한가? 내가 원하는 뜻대로 마음껏 행동하며 살 수 있을 때의 만족감은 아주 클 것이다. 진정으로 성공하고 싶다면, 행복하고 싶다면 자기 자신에게 먼저 소통의 기회를 주라.

TV앞에서 타인의 스토리에 몰입하지 말고 이제부터라도 나만의 소통스토리를 만들어가자. 남만 부러워하다 살다가기엔 아까운 인생이다. 나의 전문성을 살린 스토리를 만들자.

내 안의 작은 변화로 내 삶을 소통으로 체인지(change)하자!

자신에게 성공의 기회를 주는 소통형 인간이 되라. 나의 스타일대로 자신과 스스로 소통하라!

적어도 나 자신에게는 핑계대지 말자

나는 여러 가지 장사도 해보고 다양한 사업도 해 봤다.
그런데 매번 나는 나 자신에게 핑계를 댔었다.
나를 위로하는, 자위하는 감쌈이랄까?

누군가 이런 말을 했다. "장사와 사업을 구분할 수 있냐고?" 어떤 사람은 '장사는 있는 물건을 파는 것이고, 사업은 없는 물건을 파는 것'이라고 하였다. 『나는 일본 최고의 무역상이다』라는 책에는 이렇게 기술되어 있다. 사업과 장사의 차이는 '사업의 규모, 직원 수, 연매출'이 아니라 '미래에 대한 명확한 계획과 목표가 있느냐? 없느냐?' 이다.

나는 홍대 앞에서 북 카페를 차린 적이 있었다. MBC 〈무한도전〉이라는 프로그램에서 하차한 후 '무엇을 할까' 고민을 하다가 별로 책을 읽지 못한 아쉬움이 늘 있던 터라 원없이 책도 읽고 장사도 할 수 있다는 생각에 북 카페를 차리자고 결론을 내리고 얼른 차려 버렸다.

나는 어떤 일을 추진할 때 고민의 시간이 끝나면 불같이 밀어붙인다. 북 카페의 이름은 '헌드레드(hundred)' 라고 지었다.

왜 '헌드레드(hundred)' 라고 지었을까?

하루의 매출이 100만 원만 오르면 좋겠다는 생각으로 '100' 이라는 영어의 'hundred' 를 가게 이름으로 지었던 것이다. 참 단순하고 심플한 두뇌 플레이가 아닐 수 없다.

이름은 부르기 쉽고 뜻이 심플하면 그만 아니겠는가? 심플하고 단순하게 지은 이름 중에 생각나는 것이 개그맨 이영자의 이름이다. 그 이름도 내가 차 안에서 5분 만에 지어준 이름이다. 원래 이름이 '이유미' 이다. 있을 유(有)에 아름다울 미(美). ㅎㅎ.

아무튼 가게 이름을 헌드레드(hundred)로 짓고 나니까 여기저기서 기자들과 지인들이 카페이름 '100' 이 무슨 뜻이냐고 물어 온다.

계속 안 가르쳐 주니까 자기네들 스스로 해석을 달았다.

'100번지' 일거라는 둥, '100호점' 까지 직영점을 차리겠다는 뜻일 거라는 둥, 손님들이 100권의 책을 읽을 때까지 찾아오게 하자는 콘셉트일 것이라는 둥….

나는 그냥 단순하게 '하루 100만 원만 팔자' 였는데…, ㅎㅎ.

카페 100을 하면서 딱 한 가지 배운 것이 있다. 어설픈 동기부여로 무엇에 덤비지 말자는 것이다. 나는 북 카페를 차리고 사람들과 책에 대하여 논하고 커피를 마시는 아름다운 내 모습과 손님들의 책 읽는 우아한 모습만 상상하며 무작정 카페를 차렸다.

그 허무맹랑한 상상은 두 달쯤 지났을까? 여지없이 무너지고 말았다.

　　　　　　　　　　　　　　　　　　Part 1. 나와 통하라

북 카페의 개념이 없던 터라, 카페에서 술을 마시고 큰소리로 떠드는가 하면, 어떤 사람은 담배를 피우고 바닥에 침을 뱉어 끄는 사람도 있었다. 내 친구 김용만(개그맨)은 행주 삶는 큰 솥에다가 라면을 끓여 먹기도 하였다. ㅋㅋ.

그보다 더 한심한 것은 매출이었다. 하루 100만 원 팔자고 했는데 7만 원 매출이 나오는 날도 여러 날이었다. 가게는 점점 이상하게 흘러가고 있었다. 고액의 연봉을 주고 모셔온 점장도 고액 연봉과는 거리가 멀게 행동했다.

하루는 개그맨 선배이신 주병진 형님이 오셔서 지저분한 쇼윈도우를 보더니 "영호야, 너 장사하지 마라. 이렇게 유리도 안 닦는 직원들을 데리고 뭘 하겠냐? 저 직원들도 열심히 일하는 것이 시간이 빨리 가는 거야. 닦으라고 해. 당장!"

그렇게 나는 직원들이 그만두겠다고 할까 봐 찍소리도 못하는 사장이었다.

'아….'

'나는 실패하면 안 되는데, 아니 실패하면 먹고살 게 막막한데….' 라는 생각에 앞이 캄캄했다. 그렇게 1년을 버티다가 결국 가게를 팔았다.

가게를 팔아야 하는 시점에 오니까 여기저기서 카페를 인수하겠다는 분들이 많이 나타났다. 홍대 앞 문화의 거리 골목골목마다 카페가 즐비하다. 그 카페의 주인이 되고 싶다는 막연하고 우아한 상상을 하는 분들이 많기에 인수 희망자가 많았다.

나는 가게의 권리금으로 그동안의 손해를 만회하고 가게를 정리했다.

그런 나에게 개그맨 유재석이 이렇게 얘기했다.

"형은 어디 내놔도 성공할 거야. 우리 중에 형만큼 기획이나 투자를 잘하는 사람은 없어!"

사실 그랬다.

여기서 유재석이 말하는 '우리'라 함은 아침 동틀 때까지 모여서 수다를 떠는 모임인 일명 '조동아리' 멤버인 나, 유재석, 김용만, 지석진을 가리키는 말이다. 투자의 허접들만 모였으니 손해 안보고 가게를 넘긴 내가 으뜸이라는 뜻이다.

또 한 가지 장사를 했었다.

이번엔 강남에 고깃집을 크게 차렸다. 그런데 규모가 너무 커서 혼자 할 수 없어서 동업자와 함께 했다. 이것 역시 망했다. 그런데 그때 나는 망한 이유를 '동업자의 비리'라고 결론을 지었다. 동업자 명의로 가게 등록이 다 되어 있어서 동업자가 가게 매출 통장을 가지고 해외여행을 다니며 돈을 물 쓰듯 했다.

사람들이 내게 왜 가게를 접었는지에 대해 물어오면, 나는 "점장이 성실하지 않아서…." 혹은 다른 데서 실패의 원인을 찾아내기 바빴다. 그런데 시간이 지나면서 나는 이런 의문을 갖기 시작했다.

'과연 북 카페를 실패한 원인이 그것일까?'

'고깃집을 실패한 원인이 그것일까?'

'정말 점장의 곰팡이 핀 쿠키를 손님에게 내놓는 엉망진창 서비스 때문이었을까?'

'대충 시간만 때우는 알바생들 때문에 가게가 망한 것일까?'

'나는 뭘 한 것일까?'

'나는 사장인가?'

나에게 끊임없는 질문을 던져 보았다. 고깃집 역시 생각해 보니 내 잘못이라 여겨졌다. 내가 관리감독을 잘 했더라면 그 동업자를 비리의 동업자로 전락시키지 않았을 수도 있었다. 결국 내 관리 감독의 실패로 인하여 장사가 잘 됐음에도 불구하고 가게를 접었던 것이다.

모든 것이 '핑계'였다는 결론에 다다랐다.
그걸 깨닫는 순간 나는 너무 쪽팔렸다.
거울을 봤다.
내 얼굴이 왜 그토록 바보 같은지….
나 이제부터 핑계대지 않으리….

나 자신을 세상으로부터 보호하려고 나를 얼마나 많은 핑계로 덮고 살았는가?
그렇게 매번 핑계만 대다 보니, 나는 나만의 고립된 마인드로 타인과 점점 멀어지고 있었다.

사람은 어떤 것에 실패하거나 실수 할 수도 있다. 그러나 그 모든 것을 내가 아닌 타인에게서 그 원인을 찾는다면 그것은 실패보다도 더 나쁜 것이다. 나는 어느새 나의 모든 결함을 타인의 탓으로 돌리는 핑계의 달인이 되어 있었다.
핑계대지 않는 사람이 되어야 비로소 세상과 소통할 수 있고, 그렇게 함으로써 더 많은 친구를 만들 수 있고, 또 다음의 일에 더 성공의 확률을 높일 수 있다는 것을 깨달았다.

누군가 내 잘못을 지적하거나 나의 단점을 지적할 때 쿨하게 인정하라.

"내가 왜 그랬냐면…."

"내가 왜 그랬는 줄 알아?"라는 식의 얘기는 좋지 않다.

그냥 쿨하게 인정하라.

그러면 상대방은 당신을 엄청나게 좋아할 것이다.

핑계로 자신의 무능을 감추지 말라

소통으로 성공을 디자인하라

회사(굿마이크)를 설립하고 몇 개월이 지났을까? 나를 만나고 싶다는 사람이 며칠째 계속 전화가 온다는 여직원의 보고가 있었다. 난 그 사람이 누군지 알게 되었다. 20여 년 전 대학 다닐 때 학교 후배였다.

나보다 1년 후배이면서 나이는 나와 동갑이었고, 5년 전 홍대 인근에 북 카페를 차렸을 때 우리 가게에서 일할 수 없겠냐고 찾아오기도 했던 사람이었다. 그런데 대학 졸업을 하고 15년 만에 나타나서 카페에서 일을 할 수 없냐고 물어왔고 5년이 지난 후, 또 나와 일을 하고 싶다고 찾아온 것이었다.

하루이틀도 아니고 며칠째 나를 찾아와서 열심히 일할 테니 자리를 달라고 하였다. 나는 그에게 이렇게 말했다.

"네가 우리 회사에 와서 어떤 일을 할 수 있는지, 네가 그동안 한 일은 무엇이 있는지, 네가 가장 잘 하는 분야는 어떤 것이지 ppt파일로 일목요연하게 정리를 해 와라."

그 후배는 "알았다." 하고 돌아간 후 한참 있다가 나를 찾아왔다. 그는 한 달이 넘도록 ppt파일을 가져오지 않았고 결국은 A4용지에 몇 자 적어서 왔다.

A4용지에는 이런 단어들이 적혀 있었다.

'문화기획 뭐 그런 거'
'새로운 문화'

그 후배는 종이를 앞에 놓고 나에게 설명을 한다.

"선배, 나는 문화기획 뭐 그런 새로운 문화를 만들어서 뭐 그런 걸 진행하고…. 음…. 그런 거 있잖아요. 문화기획 쪽의 일을 오래 하다 보니 나는 그런 일에 자신 있으니까, 그런…. 뭐…. 문화기획이랄까? 뭐 좀…. 선배, 알죠? 지금 내가 얘기하는 게 뭔지 알죠? 선배도 이쪽의 일을 꾸준하게 해 왔으니 내가 하는 얘기가 뭔지를 알거 같은데…."

내 얼굴이 점점 굳어지는 걸 확인했는지 안 했는지…, 이 친구는 점점 더 무덤을 판다.

"영화도 제작을 하고 영화 시나리오도 써서 꼭 나는 영화를 해보고 싶기도 하고, 또 선배처럼 강의도 하고 싶고…, 참 선배는 대단해요. 예대를 졸업하고 그 많은 동기들 중에서 꾸준히 방송 활동도 해서 성공도 하고 지금은 방송하고는 약간 다르지만 강연도 하고, 참 멋있어. 자리 하나 주면 열심히 할게요."

1, 3, 4, 5, 6, 7, 8, 9, 10. 어? 2가 없네?

한마디로 어이가 없다.

나는 이 후배에게 다섯 가지를 충고해 줬다.

첫째, 제안을 할 때는 구체적으로 할 것.

둘째, 회사라는 것은 조직이기에 조직문화에 순응해야 할 것.

셋째, 윗사람이든 아랫사람이든 사람을 대할 때는 예의가 발라야
할 것.

넷째, 약속을 했으면 반드시 지켜야 할 것.

다섯째, 고생을 즐길 줄 알아야 할 것.

이렇게 다섯 가지를 알려줬다.

사실 위의 다섯 가지는 아주 기본적인 것으로서 사회생활에서 반드시 필요한 것이다. 내가 이런 기본적인 얘기를 이 후배에게 해 준 것은, 대학을 졸업하고 어떤 일을 꾸준하게 지속적으로 해 오지 않았을 거라는 추측과 누가 보더라도 일을 일답게 똑바로 한 적이 없을 거라는 생각이 들었기 때문이다.

그 후배는 나에게 이런 제안을 했다.

"책상 하나 놔 주면 내 일을 조용히 해 보고 싶어요. 도와주세요."

나는 그 말을 듣고 1시간 동안 고민했다.

'이 친구의 손을 누군가가 잡아 줘야겠구나. 서로 돕고 사는 것이 인생 아닌가?' 라는 생각 끝에 자기의 일을 메이드(made)할 수 있도록 도와줘야겠다는 결론을 내리고 사무실 한쪽에 자리를 만들어 주었다.

자기 일을 해보겠다고 회사에 나온 지 일주일이 지났을까?

그 친구는 일주일 동안 컴퓨터 모니터 앞에 가만히 앉아만 있었다. '뭔가 구상 중이구나…' 했는데, 할 얘기가 있으니 퇴근 후에 보자는 것이다.

그래서 지금 얘기하라고 하니까 퇴근 후에 보자고 한다.

'할 얘기가 있으면 바로 하면 되는데 왜 남으라(?)는 걸까?'

퇴근 후 이 후배는 내게 무릎을 꿇고 이런 얘기를 한다.

"내 일을 하려는데…, 사실 생활이 안 됩니다. 그러니까 월급을 줄 수 있으면 월급 좀 주셨으면 좋겠습니다."

나는 그를 일으켜 세우면서 '얼마나 어려우면 이럴까' 싶어서 단박에 월급을 주겠노라 했다.

그 말을 하고는 이런 생각이 들었다.

'자기의 일을 하겠다고 사정해서 마음껏 일해 보라고 사무실에 책상도 하나 놓아 주었는데, 일은 하지 않고 이제 월급을 달라는구나.'

하지만 나는 그 생각을 떨쳐 버리고 월급을 주기로 결정한 것에 대하여 후회하지 않기로 했다.

그런데 정작 문제는 이 후배가 할 수 있는 일이 아무것도 없다는 것이다. 기관단체에 넣는 제안서 만드는 일을 시켜보았지만 하지 않았다. 그래서 왜 하지 않았냐고 하면 제안서 요건 자체가 자기네들 위주로 돼 있어서 안 썼다는 둥, 진짜 중요한 건 형식보다 내용이니까 직접 가서 설명을 하자는 둥…, 이상한 얘기를 한다.

결국 그는 아무 일도 하지 않았다.

하루는 전화기를 붙잡고 큰소리로 짜증을 내며 화를 내고 있는 것이었다. 내용인즉 신생 거래업체의 부장이 우리에게 일을 맡겼는데 그 일이 어디까지 진행되고 있는지 확인하는 단계에서 "그거 다 됐나요?"라고 물어본 것이다.

그게 기분이 나빠서 화를 내면서 싸우고 있는 게 아닌가?

거래업체가 부당한 것을 요구한 것도 아니고 예의 없게 하지도 않았는데, "그거 다 됐나요?"라고 물어본 것을 다그친다고 느낀 것 같다.

아무튼 그는 자기 자신이 일을 잘 못하는 것을 들킬까 봐, 무슨 문제가 발생하면 무조건 이유를 만들어 '자신의 행동을 정당화' 하려고 애썼다.

나는 오너로서 이 후배에게 어떤 일을 맡기기에는 불안한 날들이 계속되었다.

그러던 어느 날, 나는 아주 쉬운 일을 맡겨 보았다. 교육장에 가서 사진을 몇 장 찍어 오는 일이었다. 요즘 디지털카메라는 누구나 편하게 찍을 수 있도록 만들어져 있기에 작품을 하는 예술가가 아니더라도 사진을 잘 찍을 수 있다. '이 정도 일은 너무 쉬운 일이니 잘 해오겠지.' 라고 생각했다.

그런데 나는 다음날 출근 후에 사진을 보고 깜짝 놀랐다. 3장을 찍어 왔는데, 제대로 찍은 사진이 하나도 없었다. 왜 이렇게 찍었냐고 물었더니, 제대로 찍으려면 카메라에 눈을 대고 보면서 찍어야 되는데 자기는 자기 안경이 카메라에 닿는 게 싫어서 안 대고 찍는단다.

그리고는 말끝에 "나 ○○○은 원래 그런 거 싫어해요."라고 하는 것이 아닌가?

'아, 이 친구를 계속 회사에 두어야 하나?'

심지어는 점심시간을 자기 마음대로 오후 2시 반에서 3시 반으로 정해서 밥을 먹으러 나간다. 왜 그러냐고 물었더니 12시에서 1시 사이에는 사람들이 많기 때문에 자기는 사람들 많은 식당에서 밥을 안 먹는다는 것이다.

출근시간도 자기 마음대로 11시다. 왜 늦게 오냐? 늦게 오면 다른 직원들도 따라하게 되니까 그러지 말라고 했더니 자기는 아침을 어머니랑 꼭 먹고 나와야 기분이 좋기 때문에 어머니랑 아침을 먹고 나오면 11시쯤 된단다.

초등학생도 아닌데 어떻게 이렇게 처신할 수 있을까?

처음에 찾아와서 도와달라고 매달리면서 열심히 하겠다고 한 것이 얼마나 지났다고 이럴까?

난 4개월 만에 그를 잘랐다.

어떤 일을 맡기기에도 불안하고, 맡겨 보면 돼 있는 일이 하나도 없고, 진행 자체가 안 돼 있는 게 허다했다. 그리고 늘 말도 안 되는 핑계로 자신을 보호하려 한다. 그러다 보니 성공한 사람들이나 직장생활을 정상적으로 열심히 하는 사람들 앞에서는 자격지심만 커져서 자그만 농담에도 발끈하는 이른바 '찌질이' 였다. 나는 더이상 그와 함께할 수도 없었고 할 필요도 없었다.

마음이 너무 아팠다.

'아프니까 청춘이다' 가 아닌 '아프니까 사장이다' 였다.

그는 지금도 가끔 나를 찾아온다. 내가 그를 지금도 만나는 이유는 적을 만들지 않기 위함도 있지만, 열심히 사는 내 모습을 보여 주면 그도 언젠가는 변할 것이라고 믿기 때문이다. 나는 그에게 지금도 연민의 정이 있다. 잘 됐으면 좋겠고 그가 변한다면 기회를 또 주고 싶다. 그가 핑계대지 않고 사회생활을 하길 바라고 있다.

| 핑계는 자기 자신에게 올 또 다른 기회마저 박탈한다.

일단 시작하고 보자, 들이대 정신

모든 100은 1부터 시작이다

내가 아는 후배 중에 정말 재능이 뛰어난 사람이 하나 있다. 마이크를 잡으면 아무런 도구 없이 또 아무런 순서도 없이 사람들은 엄청나게 웃기는 재주가 있어서 '개그맨 중의 개그맨'이라는 별명도 있는, 개그맨도 인정하는 개그맨인 것이다. 나는 이 친구의 재능을 잘 풀어서 재미있는 유머강의나 펀 리더십에 관한 강연자로 키우고 싶었다.

이 친구는 강의 준비를 2년째 하고 있다.
정확하게 말하면 2년 동안 준비만 하고 있는 것이다.
다시 정확하게 말하자면, 이 친구는 강의 준비를 하지 않고 있는 것이다.
어느 날 내게 찾아와서 이렇게 말한다.

"형님, 요즘 수입이 없고, 매일 집에만 있어요."

"형님, 행사 좀 잡아 주세요."

"형님, 매일 집에만 있으니 마누라가 점점 무시하는 거 같아서 괴로워요."

이렇게 늘 칭얼대기만 할 뿐 그 어떤 변화도 시도하지 않고 있었다. 그러던 어느 날 나는 이 친구에게 강연을 만들어 무료 강연을 50번 하자고 제안을 하였다. 무료 강연을 하자는 것은 강연의 내용이나 기법이 무르익을 때까지 그렇게 하고, 그런 후에 좋은 강연이 만들어지면 프로 강사들처럼 돈을 받고 강의를 하라는 뜻이었다. 그런지가 2년이 지났다. 이 친구는 지금까지도 준비되어 있지 않다. 어쩌다 통화를 하면 그때마다 투덜대기만 할 뿐이다. 심지어는 강의 내용을 모두 '굿마이크'에서 만들어 주겠다고 오라고 해도 매번 이 핑계 저 핑계를 대며 노력을 하지 않는다.

어쩌면 그는 게을러서라기보다는 소심한 성격이라서 어디에 나서는 데는 상당한 시간이 필요하고, 그것을 이겨내는 자신감이 필요한 사람일지도 모르겠다. 나는 얼마 전 이 친구에게 심하게 잔소리를 퍼부었다.

자신이 가진 재능을 쓰지 못하면 하늘이 나무란다.

일단 시작하고 들이대 보는 것이 필요하다.

어차피 인생은 'learning by doing' 아니겠는가?

하면서 배우는 것이다.

세상살이를 다 알고 태어나지 않듯 살아가면서 배우는 것

아니겠는가?

이 친구는 아직도 마냥 준비 중이라고 한다.

하기 싫은 일도 해야 성공한다

선배들은 보통 말한다. "네가 하고 싶은 일을 해라."라고! 그런데 실상은 하고 싶은 일만 해서는 절대로 성공할 수가 없다(하고 싶은 일을 하는 것은 누구나 하는 것이기 때문이다.) '하고 싶은 일을 하라' 는 선배들의 조언은 보편적 경험에 근거한 보통의 생각이라고 본다.

그렇다고 '하고 싶은 일을 하지 말라' 는 얘기는 절대 아니다. 단지, 가끔 하기 싫은 일도 해야 한다는 것이다. 잘 해보지 않은 일이나 잘 모르는 일을 맡으면 대개는 이런 얘기를 한다.

"난, 이런 일을 잘 몰라서 하기 싫은데…."

"내 성격에 안 맞는데…."

그럼 묻고 싶은 게 있다.

"당신이 좋아하는 일은 당신이 최고로 잘하는 일인가?"라고.

'성공한 사람인가, 실패한 사람인가' 의 판단 기준은 '하기 싫은 일도 했느냐, 안 했느냐' 이다.

'하기 싫은 일' 을 예를 들어 볼까?

1) 나에게 적대감을 가지고 있는 사람에게 친절하게 인사하기

2) 나와 생각이 다른 사람의 말을 경청하기

3) 나에게 손해를 끼친 사람에게 먼저 악수 청하기

4) 보기 싫은 사람 다정하게 대하기

위에서 열거한 것들은 우리가 범인(凡人)으로서 잘 하지 못하는 일들이다.

하지만 자신이 하고 싶은 일만 해서 잘 될 수 있을까?

어떤 이들은 얘기한다.

"굳이 뭐 내가….”

"됐거든요! 필요없다고요!”

그런데 그랬던 사람들이 시간이 지나면 후회하곤 한다.

'그 때 내가 먼저 악수를 청할걸….'

사업을 하다 보니 이렇게 사람 사귀는 스킬이 점점 더 늘어간다.

물론 가식은 아니다. 아니 가식이라고 해도 좋다.

가식으로라도 여러 번 하다 보면 그것이 진심으로 바뀌는 날이 있을 것이다.

사랑하지 않는 이성에게 사랑한다고 고백하고 또 고백을 하다 보면 나도 모르게 사랑하는 것처럼 느껴지고, 점점 더 사랑하게 되는 쪽으로 마음이 바뀐다고 한다. 하기 싫은 일도 의지를 가지고 하다 보면 나 스스로가 좀 더 성장했다는 것을 느끼게 된다. 그리고 스스로 대견스럽기까지 하다.

누군 뭐 하고 싶어서 하나?
하기 싫은 일도 웃으면서 일단 들이대라.

"나는 특별히 머리가 똑똑하지 않다. 그렇다고 지혜가 많은 것도 아니다. 다만 나는 변화하고자 하는 마음을 생각으로 옮겼을 뿐이다."

- 빌 게이츠 -

자기 자신에게 기회를 주라

우리는 누구나 자기가 살다간 이 세상에 흔적을 남기고 싶어한다. 크게는 역사에 남는 인물이 되려고 한다든지, 좋은 일을 많이 해서 세대가 바뀌어도 귀감이 되는 인물이 되려 한다든지 하는…, '흔적' 말이다.

작게는 좋은 글을 써서 책으로 흔적을 남기는 일, 기업을 일궈서 기업으로 흔적을 남기는 일, 또 자녀를 잘 키워서 후대를 살아가게 흔적을 남긴다든지 하는 흔적!

이런저런 흔적을 남기고 싶은 마음에 사람들은 산 정상에 올라 바위 같은 곳에 자기 이름을 써 놓고 내려온다든지, 선술집에 가서 벽에 '누구누구 다녀감' 이라고 낙서를 하는 것이 아닐까? 사실 나도 산 정상 어느 모퉁이에 살짝 내 이름을 새겨 놓은 적도 있고, 선술집 벽에 이름을 쓴 적도 있다.

미국에서 70세 이상된 노인들에게 물었다고 한다.

"지난 인생을 돌아보았을 때 가장 후회되는 것은 무엇입니까?"

응답자의 90퍼센트 이상이 똑같은 대답을 했다고 한다.

'모험을 더 해보았으면….'

'살면서 좀 더 많은 것에 도전해 볼 걸….' 하는 후회이리라.

'결혼은 해도 후회, 안 해도 후회' 한다고 하는 것처럼, 인생은 후회의 연속이라고들 말한다. 우리나라의 어르신들도 마찬가지로 '모험을 더 해 보았으면….' 하는 후회를 하실 것이다.

그러면 인생을 살면서 후회를 줄이는 방법은 무엇일까?

자기 자신이 하고 싶은 일을 더 많이 해 보는 것이다. 하고 싶은 일을 더 많이 하려면 어떻게 해야 할까? 끊임없이 자기 자신에게 기회를 주는 것이다. 지금 하고 있는 일에 치여서 새로운 것을 보지 못하거나, 새로운 것에 도전하고 싶은데 주변 상황, 분위기 등이 어려운가? 그래도 한번 시도해 보자.

기회는 스스로 부여하는 것이다. 기회는 남이 주는 것이 아니라 자기가 주는 것이다.

축구선수가 운이 좋아서 골을 넣는 경우는 단 한 번도 없다. 왜냐하면 그 운도 스스로 만든 기회이기 때문이다. 열심히 창의적으로 뛰다 보니까 골을 넣을 수 있는 기회가 온 것이기에 사실은 운이 아닌 것이다. 연구 실적을 올리는 과학자들의 경우도 마찬가지요, 기업에서 진급을 순리대로 잘하는 경우도 마찬가지다.

그렇다면 스스로 자기 자신에게 기회를 준다는 것은 무엇일까?

자기 자신에게 기회를 주는 것은 사실 간단하다.

남에게 친절한 것,

다른 사람을 용서하는 것,

지인에게 안부전화하는 것,

약속을 잘 지키는 것 등등….

아주 사소한 것을 하는 것이다. 그것이 자기 자신에게 기회를 주는 행위가 되는 것이다.

가수 태진아 씨는 차를 타고 이동 중에 항상 지인들과 통화를 한다. 날씨가 좋으면 날씨가 좋아서 전화했다는 둥, 비가 오면 비가 오니까 울적해서 했다는 둥, 스토리를 잘 만들어서 안부전화를 한다고 한다.

그 안부전화는 사람들로 하여금 늘 '태진아'라는 사람을 떠올리게끔 하는 세뇌작용을 한다. 방송을 하거나 행사를 할 때 태진아 씨를 섭외 1순위로 올린 데는 안부전화가 단단히 한몫을 했다고 봐도 무리는 아닐 것이다.

아무리 노래 잘하는 가수고, 노래가 좋은 가수면 뭐하겠는가?

성실하지 않으면 도태되기 마련인데, 태진아 씨는 몇 십 년 장수 인기를 누린다. 자신에게 성실한 것, 타인에게 손을 먼저 내미는 것 자체가 스스로 나에게 기회를 주는 행위인 것이다.

자기 자신에게 기회를 주는 것은 사실상 간단하다. 아주 작은 행위로, 귀찮음만 이기면 된다. 남들이 잘 하지 않는 작은 것을 하면 그것이 남들보다 더 기회를 받는 것이 된다.

쉬운데 남들이 하지 않는 것 10가지

일. 명함을 받으면 안부전화하기

이. 약속 시간 5분 전에 도착하기

삼. 누군가 남의 흉볼 때 맞장구치지 않기

사. 하루 한 명에게 칭찬의 말을 하기

오. 하고 싶은 말 다하지 않기

육. 한 번 얻어먹으면 한 번 사기

칠. 지키지 못할 약속은 하지 않기

팔. 상대를 믿어 주기

구. 미안하다 사과하기

십. 고맙다고 인사하기

이렇듯 아주 사소한 것들이다.

아주 사소한 것들이지만, 나에게 부족한 것이 무엇이 있나 살핀 후 목록을 만들어 실행에 옮겨 보는 것이다.

10가지만 직접 목록을 만들어 보시라.

일. ______________________________________

이. ______________________________________

삼. ______________________________________

사. ______________________________________

오. ______________________________________

육. ______________________________________

칠. ______________________________________

팔. ______________________________________

구. ______________________________________

십. ______________________________________

70세 이상이 되었을 때 '모험을 좀 더 해 볼걸…' 하는 후회처럼, 좀 더 많은 기회를 만들어 볼걸 하는 후회가 들지 않으려면 자기에게 기회를 주는 아주 사소한 것들을 귀찮아하지 말고 해 보길 바란다.

단언하는데 당신은 반드시 성공할 것이다.

자기에게 기회를 주는 것은 대단한 것에서 출발하지 않는다. 아주 작고 사소한 것을 행동으로 옮기는 것이 자기에게 무한한 기회를 주는 것이요, 시간이 지나면 지날수록 더 많은 기회가 주어지는 마술 같은 현상을 느끼게 될 것이다.

세상에 흔적을 남긴다는 것은 이렇게 자기 자신에게 주는
기회로부터 찾아온다.
기회는 아주 작은 것에서 오기 때문에
그것이 기회인지 모르고 넘어가는 경우가 많다.

남만 부러워하다 살다가기엔
아까운 인생이다

미국의 시사 잡지 〈타임〉이 선정한 20세기의 성공한 사람은 '남들이 부러워하는 나'였다. 그런데 같은 조사를 21세기에 했더니 '내 맘에 드는 나'였다고 한다. 성공의 척도가 남의 시각에서 자기의 시각으로 변한 것인데, 스스로 만족하고 자부심을 느끼는 것이 중요하다는 의미로 받아들여진다.

같은 방송 일을 하는 사람들 중 유독 친한 친구들이 몇 있다. 그들 중 상당수가 성공한 이들이다. 사람들은 그들과 나를 비교해서 말하기 좋아한다.

"그 사람보다 표영호 씨가 훨씬 실력 있는데 그 사람은 뜨는데, 왜 표영호 씨는 못 뜨는 거죠?"

참으로 우문(愚問)이 아닐 수 없다.

나는 나일 뿐인데…, 내 의지와는 상관없이 어느새 나는 그들과의 비교 대상이 되어 버린다.

그럴 땐, 내 자존심은 오간데가 없어진다.

사람들은 텔레비전에 나오는 노출빈도수를 가지고 그런 이야기를 하는 것이다.

사람들은 TV에 많이 나오면 인기 있어 보이고, 인기 있으니 자주 나오는 것이라고 생각한다. 그리고 '연예인의 행복은 인기에 비례한다' 는 기본 공식을 대입시킨 질문이기도 하다.

잘 모르는 사람이 비교 질문을 날려도 기분 나쁜데, 가족에게서 그런 말을 들을라치면 피가 거꾸로 솟을 때도 있다. 한창 TV에 많이 나오는 OOO도 행복하겠지만 나도 내가 하고 있는 지금의 일에 만족하며 행복감을 느끼거늘, 행복하면 나름 성공한 거 아닌가?

그런데 사람들은 계속 비교한다.

옆집 아이는 반에서 1등 한다는데, 내 친구 남편은 돈을 얼마 번다는데, 누구 마누라는 교수가 됐다는데… 등등, 우리는 살면서 수도 없이 비교당하고 있다.

비교하지 말자.

성공을 바라보는 시각이 남에게서 나에게로 전환되었는데, 왜 자꾸 비교하면서 불행을 자초하는가? 물론 인간은 사회적 동물이라, 함께 어울려 살아가는 사회에서 전혀 비교하지 않을 수는 없다. 우리는 경쟁적 공동체인 사회의 일원으로 살아가야 하니까 말이다.

하지만 꼭 비교 우위를 점해야 행복한 것은 아니다. 내가 가지고 있는 포지션에서 만족하며 살면 성공한 것이다. 또 나의 포지션에서 행복감이나 성취감을 느끼면 성공한 것이다.

어떤 성인의 말씀처럼 산의 정상에 올랐다고 다가 아닌 것이다. 산은 산끼리 또 연결되어 있다. 계속 비교하면 끝없이 비교만 하게 될 것이고, 그러면 점점 더 불행한 삶이 될 수도 있다.

비교하지 않으면 비관할 일도 줄어들게 된다. 당신은 당신이 생각하는 것보다 의외로 많은 것을 가지고 있을지도 모른다. 남이 가진 것을 마냥 부러워하거나 남이 가진 것과 내가 가진 것을 비교하기만 한다면 우리의 삶은 매일매일 괴로운 삶이 될 것이다.

그러나 가끔 약간의 비교는 필요하다. 그래야 발전의 동기부여가 생길 테니까.

중학교 다닐 때였다. 우리 반에서 1등 하는 아이가 있었는데 그 친구는 싸움도 1등이었다. 나는 그 친구가 은근히 부러웠다. 학창시절 공부도 잘하는 아이가 싸움까지 잘하면 그야말로 킹카 아닌가?

그런데 어느 날 자율학습 시간에 내가 좀 떠들었다고 잠깐 나오라는 것이다. 나가자마자 주먹세례를 받고 싸움이 시작되었다. 나는 그날 기절할 만큼 두들겨 맞았다. 싸움이 끝나고 집에 가서 곰곰이 생각해 보니 너무 억울했다. 공부도 지고, 싸움도 졌고, 도저히 견딜 수가 없었다. 나는 벌떡 일어나 그 친구 집으로 찾아가서 불러내어 다시 한판 붙자고 했다. 또 두들겨 맞았다.

억울해서 견딜 수가 없다는 생각에 이불을 뒤집어쓰고 엉엉 울고 있는데, 어머니가 말씀하셨다.

"네가 지는 것은 당연해. 힘도 약하고, 공부도 안 하니까 당연히 지는 거지.”

그 말이 더 자존심 상했다. 그 녀석과 모든 것에서 비교 하위니까 지는 것이 당연하다는 말이다.

나는 다음날 아침 일찍 학교로 가서 그 친구가 오기를 정문에서 기다렸다. 어차피 또 한판 붙을 텐데 학우들이 보는 데서 붙고 싶었다. 왜냐하면 내가 또 두들겨 맞더라도 나는 지지 않을 각오가 돼 있었다.

나는 또 엄청 두들겨 맞았다.

세 번 싸워서 세 번 다 실컷 두들겨 맞고 나니까 그 친구가 안 무서웠다.

다음날 나는 또 그 친구를 기다렸다.

이제는 그 친구가 날 피해 도망을 간다. 쫓아가서 붙잡고 엄청 두들겨 패줬다.

나의 오기에 손을 든 것이다.

그 뒤로 학교에서는 그 누구도 내게 싸움을 거는 아이가 없었다. 그런데 마음이 허전했다. 공부에서도 그 친구에게 지기 때문에 이겨도 이긴 것이 아니라는 것을 깨닫는 순간 머리가 혼란스러웠다.

나는 다시 그 친구와 공부로 싸움을 하기 시작했고, 1년 뒤에 나는 그 친구를 바로 한 등수 차이로 이겼다.

그 후로 나는 그와 나를 비교하는 습관이 생겼다. 어머니가 하신 말씀, “네가 지는 것은 당연해. 힘도 약하고, 공부도 안 하니까 당연히 지는 거지.”라고 말씀하신 뜻이 무엇인지도 비로소 깨달았다. 그 아이의 능력이 나보다 뛰어나면 부러워하고 지고 있지만 말고, 노력하면 이길 수 있다는 것을 가르쳐 주시기 위함이었다는 것을….

성인이 되었을 때에도 그런 비슷한 일이 또 생겼다.

나보다 더 인기도 좋고 돈도 더 많이 버는 친한 친구랑 골프를 자주 쳤는데, 그가 나보다 먼저 골프에 입문했기 때문에 그와의 게임에서 나는 늘 졌다. 처음엔 '내가 골프를 늦게 시작했으니 질 수도 있는 것 아닌가?' 라는 생각으로 별로 개의치 않았다. 그런데 주변 사람들이 자꾸 "인기 있고 돈 잘 버니까 골프도 잘 치네? 너도 좀 잘해봐."라고 비교를 하기 시작하는 것이다.

굳이 비교하지 않아도 나도 잘 알고 있는데…. 자꾸만 비교를 하게 되고, 또 그 비교하는 것을 통해 나 자신이 더 불행해진다면 그 친구와 골프를 하지 않거나 그 친구보다 골프를 잘 쳐서 이기는 방법밖에 없다는 결론을 얻게 되었다. 나는 이기는 쪽으로 마음을 다잡고 그보다 더 열심히 연습을 했다.

사랑도 마찬가지 아닌가?

누가 사랑을 먼저 했느냐 보다, 누가 더 사랑하느냐가 삼각관계에서 사랑을 쟁취할 수 있는 것이다. 내가 더 열심히 연습하면 이기게 되는 것이다.

나는 그의 인기와 경제력을 부러워하고 말았다면 아마도 골프 방송을 10년 동안 진행하지 못했을 것이다.

내가 그를 이기는 데는 그리 오래 걸리지 않았다.

나에게 진 후 그는 나를 피해서 운동을 다녔다. 푸하하.

나는 스무 살이 넘어 남을 부러워해 본 적이 거의 없다. 내가 갖고 싶거나 되고 싶은 것이 있다면 가지려고, 되려고 노력했다.

그러나 가끔은 노력해도 해낼 수 없는 것도 있었다. 인기를 좀 더 얻는다든지, 공부를 좀 더 잘한다든지 하는 것은 내 노력과 결과가 그리 신통하게 맞지 않았음을 인정한다. 하지만 남을 부러워하며 시간을 보내기

　　　　　　　　　　　　　　　　Part 1. 나와 통하라

에는 내 인생도, 나에게 주어진 시간도 그리 많지 않음을 깨닫기 시작하면서 나는 좀 냉정해지기 시작했다. 그리고 나는 나 자신에게 투자하기 시작했다.

　부러워만 말고 부러운 만큼 노력하라.
　미치도록 누가 부럽다면 미치도록 노력하면 그 부러움을 채워 갈 수 있다.
　비교하여 노력하는 자세는 재미있는 인생이 될 수 있으나, 비교하여 부러워만 한다면 괴로운 인생이 될 것이다.

한마디 더

사업을 하면서 사람들을 만나면 하나같이 이야기한다.
"하던 방송을 계속 하시지 왜 사업을 합니까?"라고.
쓸데없는 말이다.
나는 원래 검사가 되라는 부모님 말씀도 안 듣고 연예인 된 놈이다.

나를 조정하는 아바타를 만들자

가끔 힘에 겨워 '여기서 그만둘까?' 라고 생각하기도 한다.

개그맨 초창기에 기회를 얻지 못했을 때에도, 가게를 차려서 월 임대료도 못 낼 만큼 장사가 안 될 때에도, 추진하던 일이 지지부진 잘 안 될 때에도, 하다못해 등산을 하다가도 힘에 부치면 '여기서 돌아갈까?' 했던 적이 여러 번 있었다.

지금도 벽에 부딪힐 때마다 '여기서 그만둘까?' 라는 생각이 습관처럼 들 때가 있다. 특히 힘들 때에 기댈 곳이 하나도 없다는 것을 절감할수록 더욱더 절망감이 들기에 '포기하자' 는 생각이 스친다. 그러나 그것은 잠시 스쳐지나가는 생각일 뿐, 나도 모르게 다시 그 일을 열심히 하게 된다.

내 몸속에는 몸이 아프셔도 일을 나가시던 어릴 때 아버지의 모습이 스며있기 때문이리라.

나는 나의 아버지의 '아바타'라는 생각을 하면서 또다시 그 일을 해내고 있었다.

나에게 아바타를 심어 보자.

내가 잘 못하는 일을 만났을 때, 내가 가지고 있지 않은 능력을 발휘해야 할 때, 그 때는 나 말고 다른 사람으로 변하는 그들의 아바타를 내게 심어 보자.

착하고 좋은 남편이 되고 싶을 땐 잉꼬부부라 소문난 탤런트 최수종을 내 몸속에 심어 보는 거다.

화났을 때 인자한 그 누군가를 머릿속에 그리며 그것의 아바타를 심어 보자.

그런데 이 방법은 희한하게도 잘 먹힌다.

왜냐하면 우리는 누구나 우리 자신의 무대에서 연기를 하고 있기 때문이다.

우리 자신에 인생의 무대 속에서는 각자가 주인공이다.

그리고 우리는 그 무대 속에서 연기를 아주 잘 해내고 있다.

여자들의 거짓 눈물 같은 거?

놀라고도 안 놀란 척하는 거?

마음에 안 드는 선물을 받고도 마치 최고의 선물을 받은 양 기뻐해 주는 거?

회사에서 잘리고도 의기양양한 척하는 거?

상대에게 기분 나쁜 얘길 듣고도 기분 나쁘지 않다고 말하는 거?

그것도 또한 연기라면 연기 아니겠는가?

그 아바타대로 연기해 보는 거다.

강한 사람이고 싶을 땐 강한 그 누군가의 아바타를 설정해서 내 몸속에 심고, 말을 잘하는 사람이 되고 싶을 땐 말을 잘하는 그 누군가를 내 몸속에 심으면 된다.

친절한 사람이 되고 싶다면 김국진을, 웃기는 사람이 되고 싶으면 웃기는 개그맨 누군가를, 배려 많은 사람으로 비춰지고 싶을 때에는 유재석을 내 몸속에 심고 그의 아바타처럼 행동해 보라.

그러면 그런 사람으로서의 역할을 잘 해낼 것이다. 그리고 너무나 잘 해내는 내 모습에 은근 놀랄 것이다.

나는 힘들 때 나보다 더 힘들 주변의 사람을, 누군가와 비즈니스를 할 때는 아주 명쾌하게 일을 잘하는 어느 CEO를, 중요한 결정을 내릴 때는 이건희 회장님으로 아바타를 세운다.

지금까지는 잘 맞아떨어지고 있다.

그런데! 내 안에 내가 여럿 있으니 나도 가끔은 내가 누군지 헷갈릴 때가 있다.

그래서 가끔 나는 내게 물어본다.

'넌 누구냐?' 라고.

답은 뻔하다.

그런 총체적인 것을 가지고 있는 '다중이 표영호다.' 라고!

여러분도 지금 하고 있는 일 때문에 힘이 든다면, 누군가를 아바타로 삼아 자신의 몸속에 심어 보시길 바란다. 효과는 만점에 가까울 것이다.

가끔 자신을 속일 때가 있다.

내 안의 내가 나를 혼동시키는 것이다.

능력에 부치는 데도 할 수 있다고 믿는다든지, 나도 모르게 나를 속이는 마음짓!

그런 식으로 나 자신을 여러 번 속였기에 지금까지 버티고 있는지 모르겠다.

아바타가 나를 지탱해 주는 것일 수도 있지만, 결국 그 아바타도 나로 변한다.

내 안의 나를 속이는 여러 가지 일들 중에 여러분은 어떤 것을 속이나요?

1. 나와 맞지 않는 여자를 만나고 있으면서, 오래 만났다는 이유로 그것을 사랑이라고 믿고 있는 것?

2. 현재 하고 있는 일을 내가 가장 잘한다고 믿고 있는 것?

3. 사람들이 모두 나를 좋아한다고 믿는 것? 아니면 그 반대?

4. 내가 굉장히 매력 있다고 믿는 것?

5. 내가 아주 보편타당한 평범한 사고방식을 갖고 있다고 믿는 것?

나는 언제 행복하지?

요즘 나는 특별한 걱정이 없다.

잠이 들기 전이나 새벽에 깨어났을 때 생각이 많은 것 빼고는 생활하는 데 큰 걱정이 없다.

진짜 걱정거리가 없어서가 아니다. 걱정거리는 많지만, 걱정하고 살지 않는다는 말이다.

이번 프로그램이 끝나면 '다음엔 무슨 프로그램을 하지?' 하는 걱정으로 살았던 시절도 있었다. 또 장사를 할 때에는 '월세는 어떻게 내지?' 하는 걱정으로 잠을 못 잔 적이 있었고, 사업을 할 때에는 '어떻게 매출을 올리지? 월급은 밀리면 안 되는데?' 하며, 걱정 마를 날이 없었다. 걱정 없는 날이 하루도 없었다.

나는 생각했다.

‘이렇게 걱정하다가는 시간만 허비하겠다. 걱정하지 말고 살자.’

‘인생은 예측하는 것이 아니고 창조하는 것이잖아.’

그래서 결론은, 걱정을 하지 않기로 했다. 그렇게 걱정하지 않는 습관을 갖다 보니 걱정이 정말 없어졌다. 아니, 걱정을 하지 않는 습관이 생긴 것이다.

그러면서 또 이런 생각이 들었다.

‘걱정이 없으면 행복해야 되는 것 아냐?’

사업도 여러 번 실패해 봤고, 금전적인 문제로 어려움도 겪었을 때를 돌이켜보면 지금은 행복해야 마땅한데 이상하게도 행복하다는 생각보다 뭔가 계속 쫓기는 느낌에 종종거리며 시간을 보내기 일쑤였다.

이유가 뭘까?

나는 우연히 고려시대의 학자 이규보의 시조를 읽고 무릎을 쳤다.

꽃 심으면 안 필까 걱정하고

꽃 피면 또 질까 걱정하네.

피고 짐이 모두 시름겨우니

꽃 심는 즐거움 알지 못해라.

이 시조가 우리네 평범한 사람들의 마음을 잘 말해 주는 것 같아 늘 외우고 다닌다.

꽃을 심을 때 설렘과 기대감을 갖지 못하고, 꽃이 피는 것을 보는 즐거움을 느끼지 못하고, 지금 눈앞의 행복을 누리지 못하고 그야말로 걱정을 사서 했구나, 싶었다.

그러면서 떠오르는 친구가 있었다.

불평불만을 늘 입에 달고 사는 친구였다.

비가 오면, "에잇~! 비가 오고 난리야. 신발 젖게 시리."라고 말하고,

햇볕이 좋으면, "아~ 짜증나. 눈부셔 죽겠네."라고 말한다.

바람이 불면 바람 분다고 투덜, 눈이 오면 눈이 온다고 투덜!

심지어 음식 앞에서도 그런다.

중국집에 가서 "자장 먹을까?" 물어보면, "아이씨, 자장은 무슨?",

"그럼 짬뽕 먹을래?" 되물으면, "짬뽕은 무슨 짬뽕이야."

그리고서는 "아휴 귀찮아. 그냥 자장 자장!" 그런다.

하루는 물었다.

"친구야~, 넌 뭐가 그렇게 불만이 많아? 그럼 네가 좋아 하는 건 뭐가 있냐?"

그동안의 행동들이 이러이러했다고 말해 주니 자기는 그런 적이 없다고 펄쩍 뛴다.

그냥 자기 의견을 냈을 뿐이라는 것이다.

주위 사람들은 이런 모습을 하도 보아서인지 그러려니 지냈지만, 지금 생각해 보면 참 좋지 않은 습관이라는 생각이 든다.

그러면서 내 모습도 돌아보게 되었다.

누군가에게 내 모습도 그렇게 비춰진 것은 아닐까?

어떤 일을 좋자고, 행복하자고 시작해 놓고서는, 툭하면 바빠 죽겠네, 힘들어 죽겠네 하면서 종종거리는 모습은 분명 내 주변 사람들을 불편하게 만들었을 것이다.

습관처럼 튀어나오는 말을 바꿔 보자.

"바빠서 좋아, 살겠네."

"힘들어서 좋아, 살겠네."

이렇게 해 보라. 기분이 좋아진다.

바꿔서 생각하면 고마운 일들이 많이 있다.

끼니를 제시간에 챙겨먹지 못할 정도로 바쁠 때 서글프다는 생각을 하기보다는, 밥 먹는 일보다 더 중요한 일이 나에게 있음을 오히려 감사하고, 친구도 만날 시간이 없을 만큼 바쁠 땐 '아, 사람이라는 것이 이렇게 소중하구나!' 라는 생각으로, 새삼 사람의 소중함을 깨닫는 것이다.

열정을 쏟는 것에 비해 성과가 없을 때는 열매가 맺히는 기다림을 배우고, 사는 게 공허하다는 생각이 들 때 그만큼 마음의 여유가 생겼음을 감사하는 것이다.

몸이 아파 힘들면 그동안 건강했음에 감사하고, 더 큰 병이 걸리지 않도록 나에게 쉼을 주라는 '사인' 으로 여기고 건강에 더욱 신경 쓰면 될 것이다. 친구가 부탁을 해올 땐 '나를 찾아 도움을 요청하는 사람이 있구나.' 내가 아직 쓸모 있는 사람임에 감사하는 마음을 갖는 것이다.

배우 김혜자 님이 이런 말씀을 하셨다.

"만일 냉장고에 먹을 것이 있고, 몸에는 옷을 걸쳤고, 머리 위에 지붕이 있는 잘 곳이 있는 사람이라면, 당신은 이 세상 75퍼센트의 사람들보다 잘 살고 있는 것이다."

외국에 나가 있을 때 '아~, 한국 가면 꼭 영어 공부해야지.' 다짐하고, 좋은 강연, 좋은 글을 읽고 감동받았을 때 잠깐 동요하고 다시 잊어버리기 십상이지만, 그래도 행복하자고 마음먹는 순간 이미 온 몸에는 좋은 기운이 돌 것이다. 비록 작심삼일로 끝날지라도 여러 번 반복하다 보면 습관이 될 수도 있다.

‘일일시호일(日日是好日)’이라는 말이 있다. 하루하루가 다 좋은 날이라는 뜻이다.

인생의 기본 단위는 하루, 하루가 행복하면 일생이 행복한 법!

‘도대체 난 언제 행복할까?’ 고민하는 대신, "표영호, 넌 언제 행복할래?"라고 스스로에게 물어 보라! 그 질문에 답은 ‘지금 이 순간!’이다.

한말씀 더

넌 언제 행복할래? 지금 이 순간!

넌 언제 공부할래? 지금 이 순간!

넌 언제 효도할래? 지금 이 순간!

인간관계에 있어서,
초두효과가 필요하다

심리학의 용어 중에 '초두효과(primacy effect)' 란 용어가 있다.

먼저 제시된 정보가 나중에 들어온 정보보다 더욱 강력한 영향을 끼치는 현상을 이르는 말이다. 첫인상이 중요함을 알려주는 용어이기도 하다. 이는 대화의 기술에도 필요한 요소이다.

사람은 누구나 장점과 단점이 존재하고, 어떤 결과물에 대해 이야기할 때도 잘한 점과 못한 점이 공존한다.

두 사람이 똑같이 장점과 단점, 잘한 점과 못한 점을 이야기하는데, 듣는 사람 입장에서는 확연한 기분 차이를 느끼게 된다.

자, 어떤 경우가 그럴까?

"너는 이런 점이 아주 좋은데, 그 점은 아주 별로야."
"너는 이런 성격이 참 별로인데, 이 부분은 아주 마음에 들어."

똑같이 장점과 단점을 지적하는 말인데, 먼저 말한 칭찬의 정보가 상대방에겐 더 각인이 될 수 있다는 것이다. 먼저 기분 나쁜 이야기를 쫠쫠 꺼내다 보면 듣는 사람은 이미 감정이 상할 대로 상한 상태이기 때문에 그 다음에 들려오는 칭찬은 귀담아듣지 못하는 법이다.

"당신은 아주 지저분하고, 덤벙대고, 부산스러운 사람이다. 그런데 참 잘생겼어요."
"당신은 참 잘생겼는데, 조금만 깨끗하고 침착하고 신중하면 더욱 돋보일 거예요."

같은 칭찬과 지적이지만 먼저 호감 가는 말로 상대방 마음을 부드럽게 만들어 놓고, 그 다음에 고칠 점을 지적하면 그 사람의 마음은 경계를 풀고 지적도 진심으로 받아들이는 효과가 있다.

말 잘하는 법, 대화의 기술, 연인과의 대화, 이성과의 대화 등 많은 비법들의 책이 있지만 가장 기본적인 대화의 기법은 먼저 상대방의 마음을 열어 놓아야 비책이든 묘책을 쓸 수 있는 것이다.

여기서 또 한 가지 사실! 같은 지적도 누가 하느냐에 따라 참 다르게 다가오는 법이다.

만약 지각을 밥 먹듯이 하는 사람이 어쩌다 늦은 동료에게 이렇게 말했다고 가정해 보자.

"일찍일찍 좀 다녀라. 회사가 학교냐?"

이런 충고를 듣는 사람은 분명, "아이고. 너나 잘하세요." 하는 소리가 절로 나올 것이다.

자녀의 책상이 난지도 저리가라 하듯 지저분한 모습을 보고 잔소리 늘어놓는 엄마! 정작 엄마의 화장대가 자녀 못지않게 지저분하다면 자녀 입장에서는 엄마 닮아 그런다는 핑계를 대지 않을까?

미성년자인 아들이 담배 피우는 것을 본 아버지가 당장 끊으라고 노발대발하지만, 정작 그 아버지는 10년째 새해 계획이 금연이요, 작심삼일로 끊지 못하는 모습을 보였다면 아들의 입장에선 어떨까? 물론 '넌 학생, 난 어른'이라고 우길 수도 있지만, 어른도 끊기 힘든 것임을 감안할 때 "무조건 끊어."보다는 "어른인 나도 이렇게 힘들다. 그러니 배우지 않는 것이 좋겠다." 이렇게 다른 점을 부각시켜 설득시키는 것이 훨씬 좋을 것이다.

직장에서도 마찬가지이다. 같은 지적이라도 모범적인 상사와 제멋대로인 상사의 파급력은 확연히 다르다.

자, 그래서 지적할 일이 있을 때는 두 가지를 기억해야 한다.

첫번째, 먼저 칭찬으로 상대방의 마음을 열고 단점을 말하자.

두 번째, '너나 잘하세요.' 소리 듣지 않도록 나부터 잘하자.

'자신은 엉망이면서 어따 대구 지적질이야?' 라는 소리 듣지 않도록 웬만해선 지적질을 하지 않는 것이 최고이긴 하다.

'초두효과'는 대화나 말뿐만 아니라 인간관계에서 매우 중요하다. 그러므로 첫인상을 좋게 남길 수 있다면 조금 낯간지럽고 불편하더라도 최선을 다해야 하는 게 맞다. 안 그러면 그 다음 기회는 또 없을 가능성이 높기 때문이다.

타인에 대한 첫인상은 나도 모르는 사이에 즉각적으로 형성됨을 알수 있다.

그것은 내가 살아오면서 과거의 경험을 조합하여 만들어 놓은 무의식 정보체계 때문이다. 우리 뇌는 여러 가지 현상을 단순화하는 것을 좋아한다.

'좋다, 나쁘다, 따뜻하다, 차갑다, 가능하다, 불가능하다, 된다, 안 된다' 처럼 이른바 심플한 것을 좋아한다.

예를 들어 일단, '좋은 것' 이란 직감이 와 닿으면 사람이든 일이든 호감을 갖고 탐색하게 되고 '나쁜 것' 이란 직감이 와 닿으면 관심과 흥미를 끊는다. 그래서 일에 있어서도 성공하고 싶고, 관계에서도 성공하고 싶다면 제일 먼저 신경써야 하는 것이 첫인상이다.

성공하고자 하는 사람은 첫 만남에서 외모뿐 아니라 말과 행동에 대해서도 의식적으로 긍정적인 이미지를 줄 수 있도록 최선을 다해 보여줘야 하는 것이다.

평상시에 노력하는 것도 중요하지만, 첫인상에서 만들어진 이미지는 결코 쉽게 바뀌지 않기 때문에 '초두효과' 를 지혜롭게 잘 활용하기 바란다.

나는 사업을 시작하고 나서 사람을 처음 만날 때에는 늘 정장 윗옷을 입고 정시에 시간을 맞춰 약속 장소에 도착한다. 정장 윗옷은 정갈한 이미지와 예의를 갖추는 자세를 보이기 위함이요, 시간을 정확하게 맞추는 것은 일을 정확하게 잘할 것이라는 인상을 주기 위해서다.

초두효과를 믿는다면 첫인상에 투자하자.

첫인상을 잘 만들기 위해 투자하는 것은 가식이나 위장이 아니라 나를 좋게 기억할 수 있도록 애쓰는 태도의 문제인 것이다.

초두효과를 잘 활용하면 후광효과도 누릴 수 있다.

이것이 내가 늘 주장하는 '자신에게 기회를 주는 행동' 이다.

한말쏨 더

초두효과(첫인상) 이용하기

- 어떤 모임에 가면 가장 먼저 밥을 사라.

(동호회나 커뮤니티의 모임에 나가서 가장 먼저 밥을 사게 되면 다른 회원들은 얻어먹었다고 오랫동안 생각하며 고마워한다.)

- 어떤 사람을 처음 만날 땐 공손하라.

(살다가 약간 공손하지 않다고 소문이 나도 그들이 아니라고 막아 준다.)

- 처음 데이트를 할 때는 상대를 무조건 배려해 줘라.

(중간에 배려를 해주지 못하는 일들이 생겨도 '그 사람이 그런 사람이 아닌데?' 하면서 오히려 자기 자신을 반성하게 된다.)

- 처음 만나는 사람과 약속을 하면 반드시 시간 전에 도착하라.

(다음에 만날 때는 약간 늦어도 이해한다.)

후광효과(halo effect)

어떤 사람에 대해 판단할 때, 그 사람이 가진 하나 혹은 일부의 긍정적이거나 부정적인 특성을 가지고 이와는 아무런 논리적 관계가 없는 사람의 다른 부분들 혹은 나머지 전부에 대해 긍정적 또는 부정적으로 일반화시키는 경향 혹은 현상을 지칭한다.

일종의 사회적 지각의 오류라고 할 수 있는 현상으로, 후광효과가 자주 발생하는 경우로는 타인에 대한 첫인상 형성과정에서 볼 수 있다. 즉 상대방의 신체적 매력 혹은 외모가 후광효과를 발휘하여 그 사람에 대한 첫인상 형성 과정에 긍정적으로 작용하는 경우이다.

처음 접한 상대방의 외모가 좋거나 신체적 매력이 있는 사람이라면 그렇지 못한 사람들에 비하여 그 상대방을 사회적으로 지위가 더 높고 관대하고 경제력이 많으며 더 지적일 것으로 지각 혹은 생각하는 경향이 있다. 이와는 반대로 외모가 떨어지거나 신체적 매력이 적은 사람들에 대해서는 위에서 예로 든 후광효과와 반대되는 부정적 후광효과가 작용하는 경향이 있다.

타인의 경험에서 배우는 소중한 것들

소통으로 성공을 디자인하라

얼마 전, 알고 지내는 인기 영어 강사에게 본인의 강연 원고를 하나 써 보라고 했더니 이런 원고가 날라왔다.

감사!(感使)

– 감정과 사역 –

오늘 여러분과 함께 나누고자 하는 주제는 '감사' 입니다.

'감사합니다' 의 감사는 'Thank you' 이지만 제가 오늘 말씀드리고자 하는 것은 감정의 '감(feeling)' 과 시킨다는 의미의 '사(causative)' 입니다.

우리가 문장이라는 것을 만들 때는 반드시 동사라는 품사를 사용합니다.

우리말 해석으로는 ‘~다’로 끝나는 품사지요. 동사는 매일매일 생기고 없어지고를 반복합니다.

제가 미국에 세 번 거주했었는데, 2005년도에 공부를 마치고 한국에 왔을 때 못 알아들었던 동사가 있었습니다. 연구실이 빌딩 20층 꼭대기에 있었는데 엘리베이터를 타고내리는 학생들의 대화에 자연스레 귀를 기울이게 되었습니다. 그들의 대화 중 못 알아들었던 동사는 ‘삽질하다’였습니다. 한 학생이 “그 애는 왜 맨날 삽질만 한다니?”, “삽질 좀 그만하고 다녀라.”라는 말에 ‘열심히 공사장에서 말하는 것을 총칭하는 동사구나….’라는 생각을 했습니다. 뒤늦게 ‘헛땅 파다’라는 뜻이라는 것을 알게 되었고 이를 번역할 영어 단어가 없음에 안타까울 뿐이었습니다.

여러분은 호출기가 있었던 그때 그 시절을 기억하나요? 그 당시 ‘보디가드’라는 커피 전문점이 우리 표현으로 ‘대박’이 났었습니다. 그 커피 전문점은 테이블에 전화기를 비치해 놓았었습니다. 호출기의 등장으로 급할 때 언제어디서든 전화를 걸어야 할 필요가 있었던 사람들에게, 무료로 사용할 수 있는 전화기를 테이블에 준비해 놓은 것이 성공 요인이었습니다. 소비자들에게 안성맞춤이었던 것이죠. 그 당시에는 “호출해, 삐삐쳐!”라는 동사가 있었지만 지금은 호출기가 사라짐과 동시에 ‘pager, beeper’이라는 영어 단어도 병원에서 근무하는 의사들 외에는 더 이상 사용하지 않습니다.

얼마 전, 한 친구와 통화 중에 약속을 잡고 어떻게 그 장소에 찾아가야 되는지를 얘기하는 과정에서 친구가 묻더군요.
“너 내비 있지?”

　　　　　　　　　　　　　　　　　　　　Part 1. 나와 통하라

그 말을 전 '냄비'로 또 잘못 알아듣고, "어 냄비 있어. 가져갈까?" 그랬더니 "아니, 냄비가 아니라 내비게이션!" 그러더군요. "그럼, 내비해서 와."라고 말했습니다.

이렇듯 동사가 수없이 생기고 없어지는데, 왜 일반 동사에서 사역동사라는 카테고리를 따로 빼서 설명을 할까요?

그 이유는 본인이 일을 하는 것과 남에게 일을 시킨다는 것을 명확하게 구별하고자 하는 의도를 엿볼 수 있습니다. 영어 단어에는 'have, get, make' 라는 동사가 있습니다. 중 · 고등학교 때 영어 시간에 배운 사역동사라는 것을 기억할 것입니다. 문법적 용어로는 'causative verb' 라고 하며 유사 동사로는 '시키다, 심부름시키다, 부리다, 작업시키다' 라고 합니다. 우리말에는 본인이 한 일과 남에게 시켜서 한 일을 그다지 구별하지 않습니다. 내가 세차를 해도 "세차했어."라고 하고 남이 하거나 자동 세차를 해도 "세차했어."라고 합니다. 즉 영어식 표현으로 "내 차가 세차되어지도록 시켰어. I got my car washed."라고 하지 않습니다. 이렇듯 우리말에는 사람에게 시키는 것은 있어도 사물에게 '시킨다' 라는 표현은 사용하지 않습니다. 즉 'I cut my hair. 내 능력으로 머리를 자르다' 와 'I had my hair cut. 내 머리가 잘리도록 시키다' 라는 표현이 어색하지만 영어는 사물이 남에 의하여 행하여짐을 나타내는 독특한 표현이 존재합니다. 즉 본인이 한 일과 남에 의하여 일이 행하여짐을 다르게 표현하는 것입니다. 결과도 중요시하지만 그 보다는 어느 주체에 의해 일과 노동이 이루어지는지의 과정을 중요시한다는 것을 엿볼 수 있는 동사가 바로 사역 동사입니다.

그렇다면 사역은 결국 힘과 관련이 있는데 사역 동사의 중요성은 옛날로 거슬러 올라갑니다. 농업이 주를 이뤘던 옛날에는 남자들이 힘이 세다 보니 남성 우월주의나 가부장적 사회 분위기가 지금보다 심했을 겁니다. 그로 인해 성차별을 보여주는 단어들이 자연스레 생겨나게 되었지요. 우리말에 '처녀작, 처녀항'은 있어도 '총각작, 총각항'은 없고, '부모'라는 말을 쓰지 '모부'라고 하지 않는 것과 마찬가지로 영어에서도 불특정인을 일컫는 표현으로 'he or she'라고 하지 'she or he'라고 하지 않습니다. 또한, 주식 투자할 때 '사모님식 투자'를 부정적인 투자 방식으로 사용하며 정치학 용어에도 '신사협정(gentleman's agreement)'은 있어도 '숙녀협정'은 없습니다. 영어에도 'policeman, fireman' 등이 있었지만 'policewoman, firewoman'은 일반적으로 사용하지 않습니다. 물론 현재는 그 단어들이 중성화 되어 'police officer, fire fighter'라고 합니다. 이렇듯 남성의 우월성은 우리가 쓰는 언어에 은근히 묻어 있어 있습니다.

그렇다면 여기서 약간 주제를 바꿔 감정적인 면에 있어서는 과연 남자와 여자가 어떻게 다른지 잠깐 언급하자면….

여성은 스트레스를 받으면 깊이 생각하지 않고 말하고, 남성은 스트레스를 받으면 깊이 생각하지 않고 행동한다고 합니다. 그래서 교도소의 죄수 중 90%가 남자며 심리 치료를 받는 환자의 90%가 여자라고 합니다. 다시 말하면 남자는 무식하고 힘만 세다는 말이네요.

나무에 나이테가 있듯이 우리의 감정에도 나이테가 있습니다. 비디오가 모든 장면을 녹화하듯이 우리 감정의 나이테에는 감동적인 일, 슬픈 일, 기쁜 일들이 나이테에 녹화되어 있습니다. 흔히 혈액형과 나이테의 깊이와 연관성이 있다고들 하지요. A형들의 나이테는 O형의 나이테보다 다소 깊이가 깊어 잘 잊지 않고 꽁~! 하는 성격이 다른 혈액형의 소유자보다 좀 심하다고 합니다. 그렇다면 우리 감정의 나이테 골의 깊이를 다스리는 건 과연 무얼까요? 정말 혈액형일까요? 아닙니다. 힌트를 드리자면 한 글자입니다. 남이 대답을 해주면 '너!' 내가 대답을 하면 '나'. 모음의 한끝 차이여도 결국은 'myself(나 자신)' 라는 것이지요.

제가 미국생활을 세 번 하면서 영어의 실력이 세 번의 단계를 거쳤습니다. 1996년도 어학연수를 밟으러 미국에 처음 갔을 때는 영어 실력이 그다지 좋지 못했습니다. 하루하루를 별 탈 없이 넘기려면 날로 늘어가는 건 무슨 '~치' 일가요? 보기를 드릴게요.

A. 눈치, B. 꽁치, C. 멸치, D. 경치.

상황 파악을 별 대화 없이도 감지하는 초능력자 수준의 순발력과 적응력이 생기게 되었습니다. 하지만 그때의 상황을 어떻게 잘 모면해도 그에 따른 감정의 상처는 주로 밤에 찾아오곤 했지요. 잠들면서 하루를 정리하고 생각하며 나의 감정의 나이테에는 한 가지씩 감정의 상황이 녹화가 되고 있었습니다.

하루는 학교 도서관 밖의 테이블에 앉아 있었습니다. 제가 앉은 테이블에는 의자가 네 개 있었고 그 중 한 개를 제가 차지하고 있었습니다. 즉, 의자 세 개가 비어 있었지요. 점심시간이라 그런지 미국학생들이 테이블을 거의 다 차지하고 앉아 있었고, 제 옆 테이블 하나만이 비어 있었습니다. 저는 그날도 여느 때와 다름없이 귀에 이어폰을 꽂고 영어 숙제를 하고 있었습니다. 근데 제가 앉아 있는 10시 방향으로부터 미국 학부생 7명 정도가 저의 옆 테이블 쪽을 향해 오고 있음을 감지하였습니다. 그 상황은 재빠르게 파악되었지요. '내 테이블에 의자가 세 개 남고 옆에는 4개? 그렇다면 분명 나한테 의자를 빌리려 말을 걸 것이고, 나는 친절을 베풀어야지.' 라는 생각에 미리 대답까지 준비를 해 놓았지요.

예상대로 의자가 모자란 것을 파악한 한 미국 남학생이 저에게 말을 걸어 왔습니다. 한 손으로는 빌려갈 의자를 잡고 아주 친절한 말투로 이렇게 말했습니다. "Do you mind if I borrow these chairs?" 그 당시는 이렇게 다 들리지도 않고, 의자를 잡고, 'chair' 란 단어는 예상대로 들렸습니다. 그 학생이 무슨 말을 하던지 상황을 별 탈 없이 넘기기 위해 제가 이미 준비해 놓은 대답은 뭐였을까요? 무조건 저는 'Yes(빌려가라)' 였습니다. 저는 살짝 웃으면서 "Yes."라고 대답을 했습니다. 그런데 그와 동시에 그 남학생은 잡았던 의자를 재빠르게 놓으면서 "No, I am so sorry." 라고 하더군요. 그러더니 의자를 여기저기 다른 테이블을 다니며 빌리는 것이었습니다.

순간 당황한 저의 생각 '어머? 이게 무슨 시츄에이션? 별꼴이네 정말, 가져가겠다고 할 때는 언제고 갑자기 왜 싫대? 또 뭐야? 보란 듯이 딴 데서 빌리는 건 뭐고?' 그리고 저는 자리를 뜨지 않고 계속 혼자 앉아 있었습니다. 나중에 알게 된 문장의 깊은 뜻은 '내가 만약 의자를 빌린다고 가정을 한다면 이것에 대하여 당신은 꺼리시나요?' 라는 상당히 공손한 부탁의 문장이었습니다. 저는 거기에다 대고 살짝 미소를 지으며 "어. 난 꺼려."라고 거절을 한 것입니다.

나의 감정의 상처는 어김없이 밤에 찾아왔습니다. 감정의 나이테에 오늘의 일 '의자 사건' 으로 기록되었고, '내일을 또 어떻게 보내야 하나?' 라는 마음에 두려움과 근심이 쌓여 갔습니다.

하루는 마트에서 카트를 끌고 가는데 옆에 있던 여자와 부딪칠 뻔해서 내가 먼저 "I am sorry."라고 했더니 그 여자는 "Sure!"라고 말하고 가더군요. 저는 재빠르게 직역을 해보았습니다. 나는 "미안합니다." 그랬고 그 여자는 "그래, 너 미안해해야 돼. 당연하지!"라고 말한 것이었습니다.

또다시 밤에 자면서 'Sure'의 환청을 들으며 괴로워해야 했습니다. 이 또한 저 혼자만의 착각이었습니다. 'Sure'의 속뜻으로 "괜찮으니까 어서 하던 일을 계속 하세요."라는 표현이 있다는 걸 나중에 알게 되었습니다.

그렇게 하루하루를 힘들게 보내며 6개월을 버티고 있는데 옆방에 한국에서 어학연수를 온 친구가 '김동률'의 신곡이라며 CD를 선물로 주더군요.

김동률의 '이방인(異邦人)', "쉴 곳을 찾아 난 여기까지 왔지. 수많은 세월 헤매다가 험한 세상 끝에서 숨이 끊어질 때 그제야 나는 알게 될지 몰라. 그토록 찾아 헤매던 나의 머물 곳은 '한국'이라는 걸~. 워워. 워~. 어어어."

개사를 하며 흐르는 눈물을 훔치며 남들 미국 생활 6개월이면 온다는 청취력이 저에게는 병으로 찾아왔습니다. 바로 향수병! 그와 동시에 저는 현지 미국인들을 멀리하기 시작했고 상처받는 게 두려워 먼저 마음의 문을 닫고 그들을 대하게 되더군요.

여러분 혹시 엘리베이터에 왜 거울이 있는 지 아시나요? 좁은 장소에 낯선 사람과 함께 있는 상황을 좀 편하게 하려고 거울을 달기 시작했다고 합니다. 그런데 우리나라와 달리 미국에는 엘리베이터에서 거울을 찾아볼 수가 없습니다. 왜냐하면 미국인들은 약간 어색한 분위기를 불편해하지 않는 문화가 있기 때문입니다. 낯선 사람이어도 스스럼없이 대화를 하며 "오늘 하루 잘 보내라.", "날씨가 좋다."며 자연스럽게 대화를 주고받습니다. 어색함을 그들의 자연스런 대화법으로 풀기 때문에 거울이 없어도 서로 불편해하지 않습니다. 저는 거울도 없는 엘리베이터에서 마치

거울이 있듯이 잘 보이지도 않는 벽을 보고 그들을 등지기 시작했습니다. 감정을 다스리는 능숙함이 없었던 저는 혼자 괜한 상처를 받고 있었던 것입니다.

스스로에게 생기는 예민함 때문에 상대방에게 인정받기를 원하지만 결과는 기대한 바와 같지 않아 자신을 강인한 사람으로 포장했습니다. 그 안에서 생기는 감정의 상함은 오히려 본인을 닫아 놓고 상대방과 소통하는 것을 막기까지 했던 겁니다. 생활의 만족과는 거리가 멀어지며 동시에 상대에게 오히려 상처를 입히게 하는 경우도 생길 수 있습니다.

만족하지 못하는 사례는 우리 생활에서 쉽게 찾아볼 수 있습니다. 한 엄마가 C학점을 받아온 아들에게 이렇게 말했습니다.

"아들아 좀 더 열심히 하면 B학점을 받을 수 있지 않겠니?"

그 아들은 부모님을 만족시켜드리고자 열심히 해서 B학점을 받았습니다. B학점을 받은 아들에게 어머니는 또 이렇게 말했습니다.

"거봐. 노력하니 성적이 오르잖니. 그럼 좀 더 열심히 하면 A학점을 받을 수 있을 거야."

아들은 부모님을 실망시켜 드리지 않고자 열심히 하여 결국 A학점을 받았습니다.

그리고 기뻐하며 성적표를 들고 집으로 달려갔습니다. A학점의 성적표를 어머니께 보여 드리고 칭찬을 기다렸습니다.

그런데 어머니는 이렇게 말씀하시는 겁니다.

"혹시 다른 애들도 다 A학점을 받은 건 아니니? 그 교수가 혹시 A학점을 잘 주는 분은 아니니?"

바로 여러분의 모습은 아닌지요? 미국 엄마들은 내 아이가 잘하는 것에서 만족감을 느끼는데, 한국 엄마들은 내 아이가 다른 아이를 이기는 모습을 보면서 만족감을 느낀다고 합니다. 이렇듯 만족하지 못하는 마음은 상대방에게 상처를 주게 됩니다.

오늘 우리의 이런 모습이 아닌지 한번 생각해 볼 필요가 있습니다.

내일을 만드는 건 바로 오늘입니다. 그럼 바로 한 시간 후의 일을 만드는 건 언제일까요? 지금 바로 이순간일 수 있습니다. 여러분, 내년 계획을 혹시 지금 잘 세우시고 계신가요?

매순간이 나의 미래를 만들 수 있다는 걸 느낀다면, 혹은 일 년 후의 일을 미리 알 수 있다면 아마도 우리는 지금 이 순간을 인터넷 쇼핑을 하거나, 카톡을 하거나, 쓸데없는 기사를 읽으며 허비하지는 않을 것입니다. 가장 위대한 일은 남들이 자고 있을 때 이루어진다고 하지요. 잠을 자면 꿈을 꾸지만 일을 하면 꿈을 이룬다고 합니다.

남에게 시키는 사역을 하지 마십시오. 자신을 존중하고 소중히 여기는 감정은 남을 시키지 않고 여러분의 내일을 스스로 만들어 가는 추진력과 끈기를 만들어 줄 것입니다. 남에게 상처를 받지 않으려고 마음의 문을 닫아놓는 일이 없도록 하십시오. 감정의 나이테는 모든 것을 기록하고 있습니다.

남의 잘못은 모래 위에 적어 썰물에 씻겨 내려 보내세요. 다른 사람의 고마움은 감정의 나이테에 새겨 영원히 기억하십시오. 섭섭한 일도 생기고 고마운 일도 생기게 되지만 우리는 고마운 일보단 섭섭한 일을 나이테에 새기는 것 같습니다.

"상황이 이것밖에 안 돼.", "나는 …이 불만이야.", "…때문에 안돼."

라고 하면서 노력 없이 불평만을 계속 늘어놓고 있지는 않은가요?

'내가 말을 걸면 저 사람이 기분 나빠 하겠지. 그럼 나도 당황스럽겠지?' 라고 하면서 먼저 다가가는 걸 망설이고 있지는 않나요? A학점을 가진 자녀에게도 만족을 못하는 부모가 본인의 모습인지 한번 생각해 보세요.

감정에 너무 치우치는 하루로 마무리하지 마십시오. 감정이 상하는 일을 만들까 두려워 남에게 시키려는 사역보다는 스스로 하려는 '자역'의 정신을 가지십시오. 그렇다면 여러분들은 주어진 하루의 선물을 감사하는 마음으로 소중하게 보낼 수 있을 겁니다. 오늘의 주제 '감정과 사역(감사)'을 깊이 새기며 우리 모두 하루를 감사한 마음으로 소중하게 보냈으면 합니다. 감사합니다.

by 조수진 (이 글은 영어강사 조수진 씨의 동의하에 소개합니다.)

이 원고에서 무엇을 느꼈나? 나는 이런 생각을 했다. 각자가 아주 소중한 경험의 스토리를 가지고 있구나. '영어강사로서 자기 일의 영역을 통해서 누군가에게 줄 수 있는 감사 교훈이구나.' 하는 생각을 했다.

누구나 자기 일의 고유한 영역이 있다. 적어도 한 분야의 일을 10년 이상 하면 전문가 반열에 오른다. 그것은 아직 경험해 보지 않은 이들에게는 훌륭한 자극제가 될 수도 있고 훌륭한 지식을 넘겨줄 수도 있다는 것을 뜻한다.

나는 개인적으로 나이가 마흔이 넘으면 어떤 분야에서든 전문가가 되어야 한다고 생각한다. 나이가 마흔이 넘은 주부라면 주부로서 가사일의 전문가이어야 하고, 전문가적 지식을 갖춰야 한다고 생각한다.

이것저것 할 일 없이 놀기만 했다면 노는 것에 전문가여야 하고, 연애만 수십 번 했다면 연애의 심리를 전문가적으로 풀 줄 알아야 한다는 것이다. 나는 아무것에도 '전문가적 수준이 된 게 없어.' 라는 생각이 든다면 그것은 정말 헛살았다 해도 실언이 아닐 것이다.

지금부터라도 그것을 만들기 위해 노력해야 할 것이다.

나이가 현재 몇 살이냐는 중요하지 않다. 커널 샌더스가 '할아버지 나이' 인 65세에 창업했다는 세계적인 패스트푸드업체인 '켄터키프라이드치킨(KFC)' 의 이야기를 우리는 다 알고 있지 않은가? 나이는 그다지 중요하지 않다.

지금 이 순간 여러분의 전문가적 스토리를 만들어 보시길 바란다.
내 인생의 멋진 스토리를 위하여!

내 안의 작은 변화부터

내가 변하지 않으면 아무것도 변하는 것이 없다.

나는 '모든 소통은 나부터', '내 안의 작은 변화가 먼저' 라는 생각을 가지고 있다.

내가 변하지 않고 타인의 모순만 찾아낸다면, 늘 다투고 삐지고 서운해서 덤비고 대들고 하는 투쟁의 연속일 것이다.

누구에게나 작은 변화는 지금까지의 모든 것을 뒤집을 수 있을 만큼 큰 힘을 가지고 있다. 모든 위대한 업적도 '아주 작은 변화를 모색하는 데서 출발한다.' 는 것을 생각해 보면 지금 당장 내게 필요한 만큼의 작은 변화를 추구해야 할 것이다.

'변화' 라는 것은 무엇일까? 그동안 살아왔던 행동 습관이나 사고의 습관을 바꾸는 것이다. 그런데 바꾸는 것이 사실 쉬운 것은 아니다. 어떤 변화든지 작은 저항에서부터 심지어는 감당 못할 저항까지 만나게 된다. 그러나 그런 저항도 나의 의지를 넘지는 못한다고 믿는다. 의지만 있다면 충분히 가능하다는 얘기다.

나 자신과 약속한 것이 있는데 그것을 지켰는가? 못 지킨 것이 있다면 그것은 못 지킬 저항을 만난 것이다. 예를 들어 퇴근 후에 일주일에 2일 정도는 운동을 하겠다고 다짐했다. 퇴근 때만 되면 지인들이 술 약속을 잡기에 운동을 하지 못한다고 가정한다면, 그것도 변화에 필요한 나와의 약속을 술 약속이라는 저항에 부딪혀 지키지 못한 것이다. 내 안에 작은 변화라도 몰고 오려면 이런 작은 저항을 이겨내야 한다. 이런 저항을 이겨내지 못하면 변화에 실패하게 되고 그냥 살아온 대로 계속 살게 된다.

나는 모든 약속시간에 ‘반드시 5분 전에 내가 먼저 도착한다’는 기준을 세워두고 지키려고 애쓴다. 약속시간에 늦는 사람보다는 먼저 와 있는 사람이 신뢰를 얻는 면에서 더 유리하기 때문이다. 그런데 차가 밀린다든지 주차하는 데 시간이 좀 더 걸린다든지 하는 일로 인해서 약간씩 늦는 경우가 있다. 요즘은 그런 것까지도 감안해서 움직이려고 애쓰지만 종종 늦는 경우가 있는 것은 사실이다. 차가 밀렸다는 뻔한 핑계는 대지 않으려고 애쓴다.

‘요즘에 차 안 밀리면 이상한 거 아닌가?’

매일 밀리는 도로인데 그걸 핑계삼을 수가 없어서 차라리 “좀 늦게 출발했습니다.”라고 솔직하게 얘기한다. 그게 더 좋은 인상을 주기 때문이다.

오죽하면 급하다고 빨리 달리는 차를 경찰이 붙잡고 하는 얘기가 있지 않은가?

경찰 : 속도위반으로 스티커 발부하겠습니다.
운전자 : 한 번만 봐 주세요. 너무 급해서 그랬어요.
경찰 : 아니, 그렇게 급하시면 어제 나오시지 그러셨어요?

맞는 얘기 아닌가? ㅎㅎ. 변화라는 게 사실 별거 아니다. 예를 들어 매일 늦잠을 잤던 습관이 있다면 조금 일찍 일어나는 습관으로 바꿔 보는 것이다. 또 술만 마셨다 하면 많이 취하는 습관이 있다면, 역시 마지막 잔은 마시지 않는 것으로 음주 습관을 조금 수정한다든지, 아침에 화장하는 데 시간이 너무 많이 걸려 직장에 지각한다. 화장하는 시간을 좀 단축하는 법을 배운다든지, 외출할 때 옷 골라 입는데 시간을 많이 뺏기는 경우는 전날 옷을 골라 놓는다든지, 집안이 이것저것 정리가 되지 않아 짜증내는 일이 많았다면 그동안 쓰지 않거나 입지 않았던 옷들을 과감하게 정리를 해본다든지 하는 아주 작은 생활의 습관을 바꾸는 것에서 변화를 만들어 낼 수도 있다.

생각의 변화도 마찬가지다. 자주 삐지거나, 결단력이 없거나, 너무 급한 결정을 내린다든지 하는 사고의 습관도 그동안의 방법이 아닌 것으로 살짝 바꾸어 보고, 그것이 습관이 될 때까지 바꾸는 연습을 계속한다면 머지않아 자신이 바뀌어 있는 것을 발견하게 될 것이다.

화를 자주 내는 사람이 있었다. 화를 자주 내다 보니 주변 사람들이 하나 둘 떠남은 물론 자신도 좋지 않은 인상으로 바뀌어 있는 것을 보게 되었다. 그래서 화가 나거나 짜증이 날 때마다 일부러 웃는 얼굴 연습을 했더란다. 화가 나거나 짜증이 날 때 웃는 얼굴 모습을 하는 것이 습관이 될 때까지는 약 3개월이 걸리더란다. 훈련을 통해서 습관을 만들어 일부러 웃는 것이 자연스럽게 되니까 화가 나면 웃는 얼굴이 되더라는 것이다.

주변 사람들은 그가 화가 나도 웃는 것을 본 후 "이 사람은 정말 온화한 사람이구나." 하면서 자기를 대단하게 보더라는 것이다.

이렇게 그동안 가지고 있던 습관이나 방법을 바꾸어 보는 것도 변화의 시작인 것이다.

우리 회사 직원 중에 한 명은 출근 시간이 9시인데, 항상 9시 10분이 되어서야 뛰어들어오곤 했다. 이렇게 출근 시간에 지각을 한 날은 미안해서인지 서로간에 아침인사도 성의 없이 하게 되고 하루종일 투덜거리는 것을 볼 수 있었다.

그래서 이런 얘기를 해 줬다.

차라리 집에서 나오는 출발 시간을 항상 30분 전으로 맞춰놓고, 8시 40분이 출근 시간이라고 생각해 보라고. 일찍 출근하면 나중에 오는 사람들에게 웃으면서 여유 있게 인사도 하게 되고, 하루종일 짜증도 좀 덜나게 될 것이라고 말이다.

이 직원은 그 다음날부터 할 수 없이 일찍 출근하게 되었다.

이렇게 몇 번을 일찍 나오더니 나중엔 그것이 습관이 되어서 얼굴 표정도 밝아지고, 인사성도 좋아지고, 대인관계가 좋아지는 것을 볼 수 있었다.

이런 작은 변화가 커다란 선물을 몰고오는 것이다.

기업도 마찬가지다. 이대 앞 작은 가게에서 출발한 이랜드 그룹은 사내 청소를 직원들이 직접 한다고 한다. 청소나 정리를 직원이 직접 해야 물건을 아껴 쓰고 애사심이 더 생긴다는 취지인데, 다른 기업에서는 잘

하지 않는 기업 문화이다. 이런 것은 작은 부분이지만 결국엔 기업의 마인드 변화가 아니겠는가?

또 이런 경우도 있다. 중소기업진흥공단의 투자담당자인 류원연 과장은 투자 및 지원할 회사에 현장실사를 나갈 때 화장실을 먼저 본다고 한다. 아니, "투자와 화장실이 무슨 관계인가?" 하겠지만, 이유는 이런 것이다.

화장실을 보면, 그 회사의 관리 상태와 직원들의 애사심을 알 수 있다는 것이다. 화장실이 깨끗하지 않으면 회사에 손님들이 왔을 때 불쾌할 것이고, 또 여기서 근무하는 직원들은 '얼마나 근무하기 싫을까?' 라는 생각이다. 그리고 이렇게 애사심이 생기지 않는 직장에서 무슨 창의적인 경제활동이 이뤄지겠는가 하는 얘기다.

변화는 아주 작은 부분에서부터 시작된다. 이 변화가 후에 큰 변화를 몰고온다. 그것이 결국은 모든 것을 가능하게 한다.

한말씀 더

긍정적인 방향으로 삶의 전환을 꿈꾸는가?
그러면 '아주 작은 것' 하나를 바꾸어 보라.
그러면서 그 꿈이 시작될 수 있다. 나부터 먼저 변해야 한다.

세상에서 가장 어려운 일, 두 가지

세상에서 가장 하기 힘든 두 가지 일 중 하나는 자기의 생각을 남의 머릿속에 넣는 것이고, 또 하나는 다른 사람의 돈을 자기 주머니에 넣는 것이다.

첫번째 일을 하는 사람을 '선생님'이라 부르고,
두 번째 일을 하는 사람을 우리는 '사장님'이라 부르며,
두 가지 일을 모두 해내는 사람을 '마누라'라 부른다.

선생님과 싸우는 일은 배우기 싫은 것이고,
사장님과 싸우는 일은 돈 벌기 싫은 것이다.
고로 마누라랑 싸우는 일은 살기 싫은 것이다.

- 중국의 속담 -

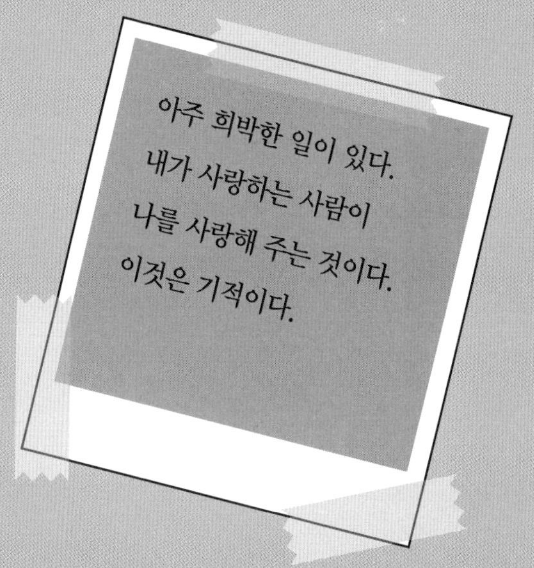

아주 희박한 일이 있다.
내가 사랑하는 사람이
나를 사랑해 주는 것이다.
이것은 기적이다.

소통으로 성공을 디자인하라

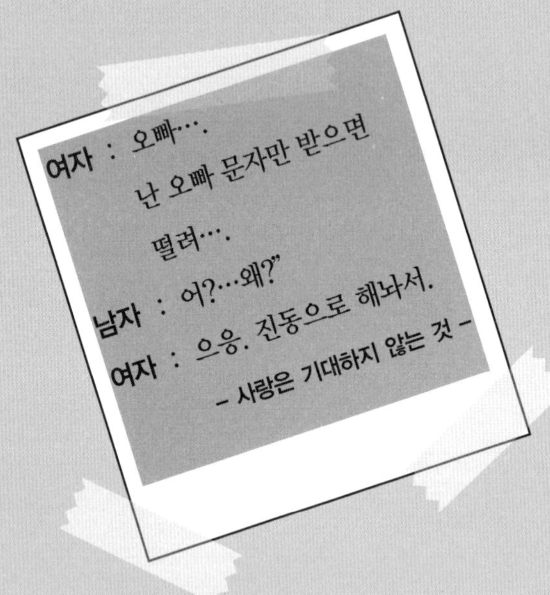

세상에서 가장 어려운 일은

"세상에서 가장 어려운 일이 무언지 아니?"
"흠…, 글쎄요. 돈 버는 일? 밥 먹는 일?"
"세상에서 가장 어려운 일은…,
사람이 사람의 마음을 얻는 일이란다.
각자의 얼굴만큼 다양한 각양각색의 마음에서
순간순간에도 수만 가지의 생각이 떠오르는데,
그 바람 같은 마음을 머물게 한다는 건 정말 어려운 거란다."

– 생텍쥐페리의 『어린 왕자』 중에서 –

Part 02 인간관계에서 통하라

진심으로 상대의 마음을 열어
관계를 좋게 하는 굿(Good) 소통법

내가 있으면 상대방도 있는 법이다. 나 혼자 있는 시간보다 누군가와 함께해야 할 일이 더욱 많은 게 세상 사는 이치 아닌가?

요즘 사람들에게 가장 인기 있는 사람은 누구일까? 자신의 이야기를 잘 들어 주고 자신의 편이 되어 주고 자신을 지지해 주는 사람이 아닐까? 상대방과의 소통에서 가장 중요한 것은 내가 받고 싶은 대로 상대방에게 베풀어 주면 되는 것이다. 입장 바꿔 생각하고, 입장 바꿔 말하고, 입장 바꿔 행동하면 되는 것이다.

설사 문제가 생겨도 마지막까지 참는 자가 이기는 것이다. 아울러 지나친 기대는 금물이다. 기대가 크면 실망이 큰 법이기에….

진심은 보이지 않지만 통하는 법이다. 진심을 담은 소통이 가장 중요한 이유이다.

전성기(全盛期)를 자랑하지 마라

크든 작든, 길든 짧든 누구에게나 전성기가 있다. 각자가 살아온 인생의 길에서 보면 가장 좋았을 때가 있게 마련이다. 그런데 이 전성기란 것이 뭘 의미하는가를 곰곰이 따져 보니까 '상대방에게 대우받을 때'이다.

'내가 누군가에게 대우받았을 때가 언제인가?'

여러분도 그때가 언제이었던가 한번 생각해 보시길 바란다.

친구들끼리 모여서 수다 한판을 떨 때도 친구들이 유난히 내 말을 잘 들어 주던 시기가 있고, 주도적으로 무엇을 도모할 때도 사람들이 잘 따라 주는 시기가 있고, 여러 사람 앞에서 말을 할 때에도 유난히 집중을 해 주던 시기가 있고, '모여서 식사라도 하자'고 연락을 해도 잘 나와 주던 때가 있다. 그때가 바로 전성기가 아닐까? 아니면 내 말 한마디면 부서 사람들이 눈치를 살피고, 내 낯빛에 따라 주변 사람들 분위기가 좌우될 때가 나름 나의 '왕년에…' 가 아닐까?

예전에 우리 부모님들이 부부싸움을 하는 걸 보니까 젊었을 때는 아버지가 돈 벌어 온다고 큰소리치고, 엄마는 나름 고생하시는데 대우도 받지 못하고 구박(?)받는다고 싸웠다. 그 후에 아버지가 나이 들어 늙게 되니까 아버지는 엄마한테 대우 안 해 준다고 싸우고 있더란 말이다. "왜 나를 대우해 주지 않느냐?" 이거다.

아버지 입장에서는 그동안 가족 먹여 살리느라 고생했는데 대우 좀 해달라는 투정인 거다. 엄마는 "너만 고생했냐? 나도 애들 키우느라고 고생했다." 이러면서 대우는커녕 쳐다보지도 않는다. '남자는 나이가 들면 마누라에게 대우 못 받는다' 는 우스갯소리가 현실인 집이 많다.

아내 입장에서는 이렇다. "여태까지 아침밥 해먹이며 뒷바라지해 줬으면 됐지, 늙어서도 왕 대접해야 하느냐? 더 이상은 못하겠다."인 것이다.

"남편이 아침에 일찍 밥 달라고 하면 패고 싶다."나? 그래서 남편들은 밥 달라는 말도 함부로 못한다고 한다. 저녁에 남편이 집에 들어가서 아내가 "밥은?" 하고 물었을 때 "먹었어."라고 하면 나이 들어서도 사랑받는 남편이요, "아직."이라고 하면 내보내고 싶다고 한다. 사실 여자가 "밥은?" 하고 묻는 것 속에는 밥을 꼭 차려주겠다는 의지가 담겨 있는 물음은 아닌 것이다.

남자가 나이 들면 조심해야 할 게 세 가지 있다고 한다.
아내, 마누라, 와이프.
반대로 남자가 나이 들면 꼭 필요한 게 세 가지가 있다고 한다.

밥해 줄 마누라, 옷 챙겨 줄 아내, 같이 잘 와이프.

여기서 ‘같이 잔다’ 는 의미는 밤새 안녕한가를 걱정해 줄 수 있는 사람을 말한다.

아버지에겐 가족을 위해 한창 일하실 때가 전성기였고, 어머니에게는 아이들 다 키워 놓고 남편 뒷바라지 끝난 그때가 어쩌면 전성기가 아닐까?

그리고 어머니에게 전성기는 또 있다. 늘 18번처럼 읊조리는 전성기! 바로 아버지에게 시집 오기 전의 이야기. 어머니라면 누구에게나 있을 법한 전성기를 암시하는 생활 속 대사가 이렇다.

“내가 저 원수 같은 인간만 안 만났어도 잘 살 수 있었는데….”
“이 인간에게 콩깍지가 씌어서….”
“손에 물 한 방울 안 묻히게 해 준다더니….”
이런 말들에서 어머니의 전성기를 짐작할 수가 있다.
원수 같은 아버지를 만나기 전, 그때가 어머니들이 말씀하시는 지금보다 나은 전성기였는지 확인이 불가하지만 말이다.

이런 어머니들의 과거의 전성기, 확인할 수도 없고 확인할 필요도 없는 전성기를 그냥 푸념의 전성기로 남지 않게 하려면 어떻게 해야 할까? 그리고 사랑하는 ‘자기’ 로 시작해서 ‘원수 같은 인간’ 으로 변한 지금의 모습이 전성기를 지나온 흔적이라면 너무 가혹하지 않은가?

가끔 술자리에서 이런 말을 듣게 될 경우가 있다.
“지금 이 모습은 내 모습이 아닌데….”

"내가 예전엔 이렇지 않았는데…."

가끔 자기 자신에게 실망할 때 쓰는 표현 중에 "내가 왜 이러지?"와 같은 말들이 있다. 자신이 좋았을 때의 모습에서는 찾아볼 수 없는 찌질한 모습이랄지, 용기를 내지 못할 때라든지, 자신감이 부족할 때 종종 쓰는 표현이다. 또한 불의를 보면 참지 않았던 젊었을 때와는 달리 현재 불의를 보고도 꾹 참게 될 때, "아후…, 저거 옛날 같으면 한방인데…."를 말하고 있는 자기를 볼 때 우리는 분명 자기의 전성기를 기억하고 있는 것 같다.

여러분은 언제가 전성기였는가?

이런 유머가 있다.

저녁밥을 먹다 아들이 고충을 토로하자 아버지가 말씀한다.

"너희 세대는 왜 이렇게 유약하냐? 나 때는 더 힘들었어."

그러자 할아버지가 말씀한다.

"너희 세대도 약했어. 내 때가 진짜 힘들었지."

그러자 증조할아버지가 또 말씀한다. 옛날 구석기 시대에 동굴이 발견됐는데, 그 동굴에 이런 글이 적혀 있었다고 한다.

"요즘 젊은 것들은 버릇이 없다."

혹시 지금 이 글을 읽고 있는 당신도 '요즘 애들'이란 말을 쓰는가?

"쯔쯔. 요즘 애들이란…." 말을 하는 순간 '내가 이제는 늙었구나.' 라고 생각하면 된다.

어쩌면 요즘 애들이란 말을 하는 것이 "내 전성기 때는 그렇지 않았다."란 말과 같으니 지금은 전성기가 한참 지난 시기란 걸 스스로 밝히는 것과 같은 건 아닐까?

　　　　　　　　　　　　

일상을 묵묵히 살아내고, 후배들에게 꼰대질이 아닌 '조언'을 해줄 수 있는 사람들은 예전에도 지금도 존재한다. 먼저 겪었다고 해서 다 지혜로운 사람은 아닌 것이다. 전성기란 것이 오래 가는 경우도 있지만 대개는 짧게 느껴진다. 지나고 나니 아쉬운 생각이 더 들기 때문이다. 나의 전성기는 짧게 느껴지고 남의 전성기는 길게 느껴진다. 남이 나보다 더 행복해 보이는 이치와 같다.

누구에게나 전성기는 있다. 혹시 지금도 여전히 그 누군가에게 관심의 대상이거나 대우를 받고 있다면 바로 지금이 전성기일 것이다. 과거의 전성기보다 지금의 전성기를 누리고 행복해지는 비결은 내가 지금 누군가를 대우해 주면 된다.

전성기를 자랑 마라. 지금도 전성기니까! 전성기를 자랑하는 순간, 우리는 나이를 떠나 누구나 꼰대가 된다. 꼰대는 각광받을 수 없다는 점, 기억!

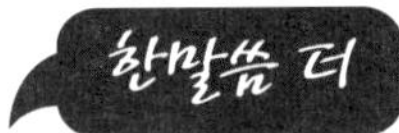

| 전성기는 늘 지금이어야 한다.

김국진처럼 들어라

개그맨 김국진.

1996년부터 2012년까지 각 방송사 시상식에서 매년 상을 받았고, 개그맨 중에서 가장 많은 광고를 찍은 인물이다. 중간에 2002년부터 2007년까지 5년의 공백기를 가졌다. 그 공백 기간에 골프에 빠져서 프로테스트에 15번 낙방한 사람! 그리고 결혼과 이혼의 기간을 가졌고, 얼마 전 KBS 〈남자의 자격〉에서 '롤러코스트 인생'이라는 강연을 통해 시청자들에게 큰 감동을 준 일이 있었다.

연예계 데뷔를 하면서 스타가 되고 난 후 골프라는 새로운 것에 도전하고 그것에서 인생의 쓴맛을 보고 또 이혼을 겪으면서, 인생은 무지갯빛만 있는 것이 아니라는 것도 배웠을 터다.

방송국에서는 늘 대우를 받던 스타에게도 이렇게 아픔이란 것이 찾아오는가 보다. 그는 그런 자신의 스토리를 담담하게 녹여 내어 감동을 주는 강연을 하게 된다.

사실 김국진 선배는 말을 청산유수로 잘 하지는 못한다. 말하는 것만 본다면 그는 명 강연자는 아니다. 그러나 그의 말에는 진정성이 묻어 있기에 그것이 잘 전달되어 많은 시청자들로부터 호평을 받았다. 그러니까 다시 말하면 그는 '명 강연자' 인 것이다.

사람의 마음을 움직이는 화술. 그것은 진정성에서 온다.

그럼 김국진 선배의 진정성은 어디에서 온 것일까?

말을 아나운서처럼 똑 부러지게 하지도 못하고 약간은 어눌한 느낌마저 주고, 진행하는 프로그램을 보더라도 말발을 앞세워서 진행하지는 않는다. 그런데 사람들은 왜 그의 강연에서 감동을 받는 것일까?

김국진 선배의 공백기 절반은 나와 함께했다. 술을 마실 줄 모르는 그는 맥주를 반잔만 마셔도 비틀거리는 사람이다. 그런 그가 나의 술동무이기도 했고, 내가 말하는 것을 좋아해 내 얘기를 경청하기도 하면서 공백기의 우울한 날을 함께 보냈다. 그는 나 말고도 많은 후배들이 좋아하고 따르는 선배다.

왜 그럴까?

그의 진정성과 그를 좋아하게 되는 배경에는 그만의 비법이 있는 것 같다. 그는 말하기보다 듣기를 좋아한다. 어느 자리에서든 말은 별로 많이 하지 않는다. 심지어 같은 공간에 하루 종일 함께 있어도 누군가 말을 시키지 않으면 먼저 말을 시작하는 법이 없다.

프로그램을 잘 진행하는 방법을 후배가 물어 오면 그는 잘 들으라는 말을 한다. 말하는 것이 직업인 그가 '듣기' 를 강조하는 것이다. 잘 들어야 잘 말할 수 있고, 잘 리드할 수 있다는 것이다.

자기의 주장이나 자기의 의견을 함부로 말하지 않는 것, 자기 식대로 주입식으로 끌고 가지 않는 것, 그리고 다른 사람의 이야기를 경청하는 태도, 이것이 김국진 선배의 진정성이고 그의 무기인 것이다.

말하는 것이 직업인 사람은 듣기를 잘해야 한다는 신기한 사고방식.

'적을 알면 백전백승'이라는 말이 있다. 굳이 적이 아니더라도 상대를 알면 대응하기 쉬운 법! 그것은 상대의 말을 경청할 때 나온다. 그래서 그를 좋아하고 따르는 사람들이 주변에 즐비하다.

원활한 소통을 원한다면 듣기를 잘 하라. 김국진처럼 상대의 얘기를 들어 주는 것만으로도 내 편을 만들 수 있다. 나는 그를 이렇게 정의내린다.

'각박한 세상살이에 마음이 옹졸해질 때마다 힐링되는 사람'이라고!

어디를 가나 요즘 사람들은 말을 고파한다.

"내가 말해 줄게. 내가 알려 줄게."로 시작해서 말을 남보다 더 많이 하려고 한다. 말을 남보다 더 많이 한다는 것은 남보다 단점을 더 많이 노출한다는 것과 같다. 그리고 상대를 리딩(leading)할 수 없기 때문에 진정한 소통을 할 수 없게 된다.

여자와 남자가 연애 때 싸우는 대부분의 이유는
'왜 내 마음을 모르냐?'이다.

여자 : 아…, 목마르다.
남자 : 짜게 먹었구나?
(이건 물을 사달라는 뜻이다.)

여자 : 아…, 저거 예쁘다.
남자 : 예쁘긴 뭐가 예쁘냐?
(이건 그 물건을 사달라는 뜻이다.)

요즘 여자들에게
가장 인기 있는 남자가 누굴까?

요즘 여자들에게 가장 인기 있는 남자가 누굴까?

어떤 이는 '잘생긴 사람' 이라고도 하고 또 어떤 이는 '유머 있는 사람' 이라고도 한다.

물론 잘생긴 남자 싫어할 여자는 없겠지만, 그것은 오래 지속되지 않는 일시적인 요소이다. 또 유머 있는 사람을 누가 싫어하겠는가? 술자리든 회의자리든 어떤 자리에서든 유머는 활기를 불어넣어 주니 얼마나 중요한가? 그리고 힘들게 아등바등 사는 데 유머가 있으면 삶이 또 얼마나 즐거운가?

하지만 잘생긴 남자보다, 또 유머 있는 남자보다 여자들이 더 좋아하는 남자가 있으니 그것은 '자기 얘기를 잘 들어 주는 남자' 다. 사실, 이것은 지극히 나의 개인적인 생각으로서 비과학적이다. ㅎㅎ.

여자들은 자기 얘기를 들어 주는 사람을 참 좋아한다. 여자들은 말이 상당히 고프다. 여자들은 배가 고픈 것은 아주 잘 참아도 말이 고픈 것은 못 참는 습성이 있다(모든 여자들이 다 그렇다는 것은 아니다. 대부분 평범한 여자들이 그렇다는 말이다. 오해가 없기를….)

그래서 편한 사람을 만나면 자기가 얘기할 수 있는 찬스를 만나는 것과 같아서 말을 많이 한다. 여기서 편한 사람이란 애인, 남편, 오빠 혹은 아빠다. 그런데 이 편한 사람에 해당하는 남자들은 대체적으로 여자들의 이야기를 잘 들어 주지 않는다.

'무시하나?' 싶을 만큼 들어 줄 생각을 안 한다. 왜 그럴까?

반대로 남자들은 이야기를 안 들어 줘도 되는 여자가 편하기 때문이다. 아이러니하다.

여자가 생각하는 편한 남자에 해당하는 남자들은 여자들이 얘기를 시작하면, "알아.", "다 알고 있다니까."와 같은 반응을 보인다. 들어 주기는커녕 얼른 얘기를 끊어 버리기 일쑤다.

서로 사랑하던 남녀가 헤어지는 이유를 보면 '성격 차이' 때문이라고 할 때가 많은데, 사실 그 성격 차이가 시작하는 출발점은 '대화의 부재'이다. 대화가 되지 않으면 해소되지 않는 갈등이 생기기 시작한다. 또 갈등이 생기면 대화를 해서 풀어야 하는데, 대화가 없기에 결국 성격이 안 맞는다는 얘기를 하게 된다. 주부 우울증의 시작도 남편이 부인의 얘기를 들어 주지 않으면서 시작된다고 봐도 큰 오류는 아닐 것이다.

여자(아내)들이 남자를 부르는 호칭을 보면 '오빠'에서 '휴먼(인간)'으로 변하는 데 그리 오래 걸리지 않는다는 것을 알 수 있다.

'오빠, 사랑하는 오~빠아…'로 시작해서 결혼하고 이내 몇 년 안에

'이, 인간아' 로 바뀌는 현실!

그것은 여자의 얘기를 들어 주지 않음으로써 "사랑하는 오~빠아…, 우리 오~빠아 쵹~오!"에서 "저 인간만 안 만났어도…!"의 '인간' 으로 바뀌는 것이다.

여자들은 말이 고프다. 이렇게 들어 주는 이 없으니 얼마나 더 고플까?

그래서 여자들은 자기 얘기를 잘 들어 주는 남자를 좋아하게 된다.(그러므로 토익점수 보다 얘기 잘 들어 주는 게 더 중요하다. ㅋ)

요즘은 사회생활을 잘 하는 것이 토익 몇 점 맞았느냐의 스펙보다 중요하다. 사회생활은 비즈니스이므로 거래처 여직원의 얘기만 잘 들어 줘도 좋은 '을' 이 된다.

여자들의 애기를 들을 때 중요한 철칙이 있다. 그것은 '리액션 (reaction)' 이다.

개그맨들도 상대의 리액션이 좋으면 애드립(ad lib)에 날개가 달려 자기도 모르게 재미있는 애드립이 나오는 법!

리액션에는 여러 가지가 있으나 이것 하나만 해도 된다.

그것은 바로, "진짜?"다.

이야기에 도취되어서 되물어 주듯 끝을 살짝 올려서 "진짜?"라고 해 주면 "진짜라니까!"라고 하면서 자기 말하는 것에 탄력이 붙어 아주 즐거워한다.

몇 가지 실제적인 예를 보자.

A

여자 : 우리 팀장님은 자기는 늦게 출근하면서 우리는 항상 10분 일찍
　　　　오라고 하는 거예요.

남자 : 진짜?

여기서 진짜는 무슨 리액션일까?

팀장이 "너무한다."라고 얘기하는 여자의 말에 "진짜 너무한다."라고
맞장구쳐 주는 것이다.

B

여자 : 남자 친구가 은근히 저를 무시하는 거 같아서 기분 나쁠 때가
　　　　있어요. 생일선물도 안 사주는 거 있죠.

남자 : 진짜?

여기서 진짜는 무슨 리액션일까?

그 남자 친구가 정말 너무한다는 것이다.

C

여자 : 회사에 일이 많아 정신이 없어요. 오늘은 점심도 못 먹고 일하
　　　　고 있는데 퇴근도 밤 10시는 돼야 할 것 같아요.

남자 : 진짜? (힘들게 일 하시니 피곤하시죠?)

여자 : 그러니까 너무 힘든 거 있죠.
　　　　내일은 보고서도 작성해서 올려야 하고….

남자 : 와…, 진짜?(대단하시네요. 당신은 회사의 보배일 겁니다.)

D

여자 : 야…, 우리 남편 진짜 재수 없는 거 있지.

　　　밥 먹고 나서 자기가 물 따라서 마시면 될 것을 "물!" 이러는

　　　거야.

친구 : 진짜? (마치 나는 안 그런 것처럼…. ㅋ.)

여자 : 잘 때 또 코는 왜 그렇게 고는지….

친구 : 진짜? (같이 못 자겠다.)

여자 : 명절 때도 자기네 집에서 설거지도 안 도와준다니까!

친구 : 진짜? (어떻게 사니 그런 인간하고….)

한말씀 더

이렇게 아주 짧은 "진짜?" 한마디면 여자를 내 편으로 만들 수 있다.
바로 적용해 보시길….

입장 바꿔 생각하기

역지사지(易地思之).

상대편의 처지나 입장에서 먼저 생각해 보고 이해하라는 뜻.

맹자의 말씀 중에, 아니 수많은 고사성어 중에 실천이 가장 어려운 말일 수 있다.

참된 소통에는 세 단계가 있다고 이야기했다.

'역지사지(易地思之)', '역지감지(易地感知)', '역지식지(易地食之)'가 그것!

상대방의 처지를 머리로 알고, 가슴으로 느끼고, 상대방이 먹는 음식까지 내가 먹을 수 있을 때 진정한 소통이 이루어진다고 한다. 마치 육식동물인 사자가 초식동물인 소와 풀을 먹을 때처럼 말이다.

또한 누군가 '상대를 이해한다는 것은 자신을 낮추어야 보이는 것'이라고 했다. 위에 서는 게 아니라 '아래에 서는 것'이라고 하였다. '이해한다' 라는 뜻의 영단어 'understand'를 보면 'under(밑에) stand(서다)'이다. 사람을 이해한다는 것은 상대방보다 밑에 서서 상대를 높인다는 뜻이다. 그로 인해 상대방의 이야기를 더 경청하게 되고 결국엔 이해하게 된다고 한다.

소설가 김별아 님은, "세상에는 이해할 수 있는 것과 이해할 수 없는 것이 있는 게 아니라, 이해하고 싶은 것과 이해하고 싶지 않은 것이 있는 건 아닌지…"라고 이야기했다. 이렇게 상대를 이해하고 느끼고 하는 소통의 스킬을 알아도 잘 안 되는 것이 '입장 바꿔 생각하기'이다.

어떻게 하면 될까?
대답은 아주 간단하다.

나를 버리면 된다.
나를 버리는 것은, 어떻게 하면 될까?

대답은 아주 간단하다.
상대에게 물어보면 된다.

상대는 나의 아집을 알고 있기에 그에게 물어보면 내가 버릴 것을 알려줄 것이다. 상대가 나에게 이야기해 주는 것을 내 기준에 의해서 '틀렸다, 맞지 않다' 라고 선을 그어 놓으면 역지사지의 소통은 불가능해진다.

    Part 2. 인간관계에서 통하라

좀 강한 예를 들어 보겠다.

어느 날, 아내는 새벽까지 술을 마시고 들어오는 일이 많아졌다. 나는 가정주부가 친구들을 만나 새벽까지 술을 마시는 것을 이해하지 못했다. 이해하려 들지도 않았다. 급기야 그런 일들이 일주일에 서너 번씩 있다 보니 부부싸움이 잦아졌다.

그런데 그때 아내가 말했다.

"너는 안 그러냐?"이다. (이것도 역지사지? 하하하.)

나는 밖에서 사회생활을 하는 남자고, 너는 집에서 살림하는 여자인데 그게 말이 되냐고 받아칠 뿐 더 이상 할 말이 없었다.

나는 사실상 역지사지를 몰랐다.

그런데 어느 날 이런 생각이 들었다.

'너도 한번 사는 세상일 텐데 재밌게 살아라.'

그리고 '넌들 재미있는 것 하고 싶지 않겠냐?' 였다.

그런 생각이 드는 순간 사실상 '이해하자' 와 '이해할 수 없다' 가 내 안에서 서로 참 많이 싸웠다. '이해하자' 로 마음을 굳히는 데는 시간이 상당히 많이 걸렸다. 이제는 아내에게 "왜 늦게 다니느냐? 일찍 다녀라. 지금 뭐하는 짓이냐?"는 식의 얘기는 하지 않는다.

그래서 지금은 싸우지 않는다. 한동안 지겹게 싸우던 어두운 시기가 지나고 싸우지 않는 휴전의 때가 온 것이다.

살다 보면 상대가 도저히 이해가 안 되는 경우가 있다.

그럴 땐 어떻게 해야 할까?

그냥 인정하면 된다.

"그런 사람이다."라고 인정하면 그를 상대하기가 훨씬 더 쉬워진다.

그를 내 사고방식의 틀에서 판단하기 시작하면 도저히 이해 불가가 되어 절대 함께할 수 없는 사람이 되어 버린다.

역지사지(易地思之)의 반대말은 아전인수(我田引水)이듯이 내 논에만 물을 끌어넣듯이 내 이익에만 몰두하는 대화나 소통은 이 시대를 살아가는 방법 중 최악인 것이다.

역지사지의 이해를 돕기 위해 심순덕 시인의 시를 소개한다.

엄마는 그래도 되는 줄 알았습니다
하루 종일 밭에서 힘들게 일해도

엄마는 그래도 되는 줄 알았습니다
찬밥 한 덩이도 대충 부뚜막에 앉아 점심을 때워도

엄마는 그래도 되는 줄 알았습니다
한겨울 냇물에 맨손으로 빨래를 방망이질해도

엄마는 그래도 되는 줄 알았습니다
배부르다. 생각 없다. 식구들 다 먹이고 굶어도

엄마는 그래도 되는 줄 알았습니다
발뒤꿈치 다 헤져서 이불이 소리를 내도

엄마는 그래도 되는 줄 알았습니다

손톱이 깎을 수조차 없이 닳고 문드러져도

엄마는 그래도 되는 줄 알았습니다

아버지가 화내고 자식들이 속 썩여도 끄떡없는

엄마는 그래도 되는 줄 알았습니다

외할머니 보고 싶다

외할머니 보고 싶다

그것이 그냥 넋두리인 줄만

한밤중에 자다 방구석에서 한없이

소리 죽여 울던 엄마를 본 후론

아…

엄마는 그러면 안 되는 것이었습니다

혜민 스님의 "마지막 한마디는 참자"

혜민 스님의 강연 중에 이런 말씀이 있다.

"아무리 서운해도 마지막 말을 하지 말아야 하는 또 다른 이유는 내가 하게 되면 상대방 역시 아픈 마지막 말을 하기 때문입니다. 인간관계에서 조금이나마 여백을 남기려는 노력은 그만큼 당신이 성숙하다는 의미입니다."

누군가의 발언이 마음에 안들 때 그의 정체성, 소속, 배경 등을 끄집어내어 함께 공격하고 싶다는 유혹이 너무 강렬하여 피하기 힘들다. 그러나 그걸 실행에 옮기느냐 마느냐는 하늘과 땅만큼의 차이를 불러온다.

말로 설명하면 '변명'이 되지만 행동으로 말을 설명하면 '현명'이 된다. 내가 볼 때 뒤끝 없다고 외치는 사람들 치고 마지막까지 멋있는 사람은 없었다. 뒤끝이 없다는 말보다 뒤끝이 없는 행동을 보이면 더 멋있는 사람이다. 뒤끝이 남지 않을 만큼 화끈하게 할 말 다하고 화를 내니 뒤끝이 남을 수가 없는 경우도 있는데, 자신이야 뒤끝이 없겠지만 상대방은 화병에 걸려 죽을 맛일 수도 있다.

몇 해 전, 가까운 친구에게 오해를 받은 적이 있었다. 우리는 서로 서운해서 말을 하지 않고 1년을 보냈다. 그냥 시간이 지나면 서로의 오해가 풀릴 것이라고 생각했는데, 뒤로 들려오는 이야기는 그 친구가 계속해서 내 이야기를 안 좋게 한다는 것이다. 나는 친구에게 서로의 진실을 이야기해 보자고 했다. 서로 오해하지 말고, 뒤끝 갖지 말고 그 전처럼 사이좋게 지내자고 했다.

결국 서로 오해는 풀었다. 그런데 '그 전처럼 사이좋게' 란 약속은 지켜지지 않았다. 서로가 오해는 풀었다 해도 뒤끝 없기로 한 약속은 지키지 못하는 이유가 있었다. '굳이 다시 친해질 필요가 있겠는가?' 하는 의문점이 생겼기 때문이다.

서로 친한 친구 사이에 오해가 생겼다고 뒤에서 욕하고 흉보는 친구라면 굳이 다시 친해져서 무엇이 좋아지겠는가 하는 생각에서 아마도 둘 다 그렇게 친해질 필요성을 못 느낀 것이리라. 이렇게 그전처럼 사이좋은 관계가 되지 못했던 것은 나만의 가치적 잣대도 작용했을 것이다.

'적어도 친한 친구라면' 이라는 나만의 가치적 잣대 말이다.

오해가 생겼다면 먼저 둘이 만나 그 오해를 푸는 것이 순서일 텐데 '왜 여기저기 이야기하고 다니고 흉보고 그랬을까?' 라는 아쉬움의 잣대 말이다. 또 친한 친구들 사이에 그런 갈등이나 오해가 있다면 친구들 중 누군가는 그 '오해를 풀어 주기 위해 노력해야 하는 것 아닌가?' 라는 서운함의 잣대 말이다. 그렇게 뒤에서 행동한 친구들을 나는 무신불립(無信不立)이라는 원칙 아래, 이제는 연락을 하지 않고 지낸다.

물론 어쩌다 통화할 일이 생기면 가볍게 통화는 할 수 있을 정도의 인간관계를 유지하고는 있다.

'오래 정들었던 친구들이고 같은 일을 하는 친구들이니 안 볼 수는 없기에….'

'무신불립'이라며 그 전처럼 가깝게 지내지 않는 것도 뒤끝이라면 뒤끝인가? ㅋㅋ.

나는 아직도 그들에게 마지막 말은 하지 않고 있다.

"나는 너희를 믿지 않는다."는 그 말을….

이미 행동을 그렇게 하고 있는데 굳이 말을 해서 상대방에게 상처를 줄 필요가 있겠는가? 만약 내가 그런 말을 한다면 그것은 훗날의 그 어떤 여지도 남겨 놓지 않고 싹을 자르는 일이 된다. 굳이 그럴 것까지는 없다. 이런 일이든 저런 일이든 또 만나게 될 수도 있으니까….

부부싸움에서도 마찬가지다.

"부부싸움이 없는 집이 행복한 집이 아니라 잘 싸우는 집이 행복한 집이다."라는 말도 있다. 부부싸움을 잘하는 방법도 여러 가지가 있겠지만, 가장 하기 힘든 것이 마지막 말을 남겨두는 것일 거다.

공원을 말없이 산책하는 사람이 있다면, 어쩌면 부부싸움 끝에 마지막 말을 하지 않기 위해 그렇게 걷고 있는 것인지도 모른다. 부부싸움은 서로가 너무 잘 알고 있다고 확신하면서 상대방을 몰아붙이며 갈등의 끝을 달리는 경우가 많다. 그러다가 싸울 줄 모르는 사람들은 마지막 비수를 꽂고 싸움을 끝내려 하거나 상대를 꼼짝 못하게 하려는 심산으로 상대가 느끼기에 가장 강하고 혐오스러운 말을 한다.

마지막 말을 서슴없이 한다는 것은 싸움 끝에 아주 큰 실수를 하는 것이다.

'부부 10계명'과 '부부싸움을 잘 하는 방법'이라는 것이 한때 유행한 적이 있는데, 그 내용을 한번 살펴보자.

부부싸움 잘하는 10계명

1. 갈등의 원인을 찾자.

2. 나만 편하자는 생각을 버려야 한다.

3. 싸울 땐 정말 잘 싸워라 - 막말, 폭언은 금물.

4. 폭행은 절대 'NO'

5. '맨날, 언젠, 항상, 도대체'는 삼가자.

6. 문제만 따지고 사람은 공격하지 말라.

7. 싸움 뒤 각 방 사용은 금물.

8. 절대 친정이나 시댁 행은 하지 말라.

9. 부부싸움한 날에는 벌거벗고 자자.

10. 먼저 사과해라.

부부 10계명

1. 서로 격려하는 말을 아끼지 말라.

2. 인정하고 의견을 존중하라.

3. 다른 부부와 비교하지 말라.

4. 스킨십과 사랑한다는 말을 자주 하라.

5. 두 사람이 동시에 화내지 말라.

6. 서로의 아픈 곳을 찌르거나 부모형제를 욕하지 말라.

7. 해가 지도록 분을 내지 말고 화를 품고 잠자리에 들지 말라.

8. 속이거나 거짓말은 하지 말고 상대를 끝까지 믿어 줘라.

9. 매일 한 끼는 함께 식사하라.

10. 부부싸움은 하되 행복의 원리를 적용하라.

이런 내용을 보고 하나의 키워드를 찾는다면 '참자'이다.

부부는 참아 주는 관계라는 것을 결혼해 본 사람이라면 누구나 알고 있을 것이다.

서로에게 마지막 말은 '참자'라는 것은, 아무리 화가 나도 상대를 배려하는 마음이 있어야 한다는 것이다. 그것이 잘 싸우는 것이다.

마지막 말은 '참자'라는 것! 그것은 어느 감정 싸움에서 단정을 짓는다든지, 결론을 낸다든지, 추측하여 몰아붙인다든지 하는 오류를 범하지 말라는 의미도 담겨 있다. 이렇게 단정하거나 추측하거나 하는 것은 소통의 커다란 적이 되는 것이다. 소통에 있어서 상대의 마음을 열려면 마지막 말은 반드시 참자.

참고하면 좋을 시를 한 편 소개한다.

남편

– 문정희의 시 –

아버지도 아니고 오빠도 아닌

아버지와 오빠 사이의 촌수쯤 되는 남자

내게 잠 못 이루는 연애가 생기면

제일 먼저 의논하고 물어보고 싶다가도

아차, 다 되어도 이것만은 안 되지 하고

돌아 누워 버리는

세상에서 제일 가깝고 제일 먼 남자

이 무슨 원수인가 싶을 때도 있지만

지구를 다 돌아다녀도

내가 낳은 새끼들을 제일로 사랑하는 남자는

이 남자일 것 같아

다시금 오늘도 저녁을 짓는다.

그러고 보니 밥을 나와 함께

가장 많이 먹은 남자

나에게 전쟁을 가장 많이 가르쳐 준 남자

논어에 나오는 신뢰에 관한 이야기를 덧붙여 볼까 한다.

자공이 정치에 관하여 공자에게 여쭈었다(자공 : 공자 사후 6년 동안 묘를 지킨 제자).

"정치란 경제, 군사, 그리고 백성들의 신뢰다."라고 하였다.

자공이 되물었다.

"이 세 가지 중에 한 가지를 버려야 한다면 어느 것을 버려야 합니까?"

공자는 "군사를 버려라."고 했다.

그 다음은 무엇을 버려야 하느냐고 자공이 되물었다.

공자는 "경제를 버려라."라고 하였다.

이것은 힘과 먹는 것 등 모든 것에 앞서는 개념이 신뢰라는 것이다.

신뢰를 얻지 못하면 아무것도 이룰 수 없지 않겠는가?

그러니 우정도, 사랑도, 일도 신뢰가 기본이다.

능력 좋은 친구라도 신뢰가 없다면 내 친구가 아닌 것이며, 아무리 괜찮은 조건의 배우자라 하더라도 사랑의 신뢰를 저버렸다면 이미 내 배우자가 아닌 것이다. 또한 아무리 일이 중요하더라도 신뢰가 없다면 함께할 수 없는 것이다. 그러므로 신뢰를 깨지 않는 것이 중요하다.

어려운 일과 쉬운 일을 물었을 때

그리스 천문학자 탈레스는 이렇게 대답했다.
"자신을 아는 일이 가장 어렵고, 다른 사람에게 충고하는 일이 가장 쉽
다."

기대가 관계를 망친다

우리는 태어나서 수많은 사람과 관계를 형성하며 산다. 가족, 친구, 연인, 동료, 지인, 이웃 등 혼자서는 살아갈 수 없는 세상에 살고 있다. 이렇게 관계를 맺고 살아가다 보면 어떻게 인간관계를 가져야 하는지, 어떻게 좋은 관계, 유익한 관계, 행복한 관계를 유지할 수 있는지 헷갈릴 때가 많다.

우선, 관계심리학에서 이 문제를 짚어 보자.

관계심리학 측면에서 보면 기대가 사람과의 관계를 망친다는 얘기가 있다.

나는 이 말에 지극히 동감한다.

'이런 사람이겠지….'

‘이런 사람이어야 하는데…’

‘내 생각이 맞지?’

이렇게 기대하는 심리가 있다.

예를 들어 결혼을 하는 데 있어서 “이 남자는 정말 나한테 잘 하는 남자일 거야.”라고 굳이 말하지 않아도 무의식중에 ‘이 남자는 정말 나한테 잘 하는 남자일 거야.’ 라고 기대하는 기대심리가 있다는 것이다. ‘이 남자는 당연히 바람을 안 피울 거야.’ 라는 막연한 기대를 갖는 것을 ‘허위합의’ 라 한다. 그것은 그냥 나도 모르게 그렇게 기대하는 심리적 상태이다.

‘이 사람은 바람을 안 피울 거야.’ 라는 예로 허위합의라는 것을 설명하려니까 조금은 양심적 가치에서 오는 모순이 있을 것이다. 그러나 그런 기대가 우리 현실에 얼마나 많이 존재하는가?

회사에서 신입사원을 뽑았을 때도 마찬가지이다.

‘이 친구는 회사 일을 내 일처럼 잘해 주겠지.’

부탁이 있어서 찾아간 선배에게 당연히 거는 기대도 있다.

‘이 형과 나는 친하니까 분명 나를 도와줄 거야.’

자식을 키울 때에도 ‘내 아들은 적어도…’

그런데 기대가 사람의 관계를 망친다는 논리를 보자. 친하게 지내던 사람들이 갑자기 등을 돌릴 때가 있다. 등을 돌리고 서로에게 적이 되는 과정을 보면, 대부분 기대심리가 무너졌을 때 생기는 경우가 많다.

나는 이런 현상을 주위에서 여러 번 목격했다.

막역한 사이라서 내가 조금은 실수를 해도 그 사람만큼은 이해해 줄 거라 믿었는데, 그렇게 막역한 사이이기 때문에 오히려 ‘나한테 이러면 안 되는 거 아닌가?’ 라는 기대가 무너졌을 때에는 여지없이 적으로 돌아서게 된다.

『삼국지』에도 보면 조조가 다른 장수에게 가장 많이 하는 말이 있다.

"네가 감히 나에게 어찌 그럴 수가 있느냐?"

역사드라마를 볼 때에도 역모를 당하거나 누군가에게 배신을 당할 때 하는 대사가 "네가 감히 나에게…."이다.

이것은 대부분 암묵적으로 나에게 충성을 다할 것이라 기대했던 이에게 하는 대사다.

남녀 사이도 사랑을 하고 사귀게 되면 암묵적으로 거는 기대가 있게 마련이다. 약속 시간에 늦는 애인을 한두 번 이해하다가 나중에는 그것으로 인해서 헤어지는 경우가 있다. 그것은 '내 애인은 시간을 잘 지킬 것이야.' 라는 허위 기대가 무너졌기 때문이다.

그것을 표영호식 전문 용어로 '쓸데없는 것 바란다' 라고 정의하고 싶다. ㅋㅋ.

남녀간의 대화에서 이를 살펴보자.

남 : 어제 뭐했어?(일 끝나면 곱게 집에 가야지 왜 돌아다니니?)

여 : 친구들 만나서 얘기하고 놀았어.(난 놀면 안 돼?)

　　넌 뭐 했어?(너도 일찍 다니면 안 돼?)

남 : 난 어제 퇴근이 늦어서 집으로 바로 갔지.(나처럼 하란 말이야.)

여 : 친구들과 모처럼 만나서 얘기하고 놀면 안 돼?(너무 뭐라고 한다.)

자, 위의 아주 단순한 대화에서 엿볼 수 있는 것 한 가지!

남자의 입장에서 '내 여자 친구는 집에 일찍 들어가야 한다' 는 아주 단순한 기대가 숨어 있다.

여자 입장에서는 "너나 잘 하세요."가 있지만 왜 자꾸 구속하는지에 대한 불만, 그러니까 '내 남자 친구는 나에게 잔소리 안 하는 남자였으면 좋겠다.' 하는 아주 사소한 기대가 숨어 있는 것이다. 이런 것을 심리학 용어로 '허위합의'라 하고, 일반 사회적 전문용어로 "웃기고 자빠졌네." 라고 한다.

나도 수없이 많은 기대를 했었다.

'친구니까 나를 배신하지 않겠지.'

'내 여자니까 나만 사랑해 주겠지.'

'내 아이니까 공부를 잘 하겠지.'

'나랑 친하니까 내 편 들어 주겠지.'

등등 수없이 합의가 안 된 여러 가지를 내 생각이 보편타당한 것으로 간주하고 합의가 된 것인 양 인식하고 살았다.

나는 기대를 하지 말자고 이 이야기를 꺼낸 것이 아니다.

기대라는 것을 해도 무방한 것이 있다. '시험에 합격을 기대한다든 지', '복권 당첨을 기대한다든지', '선거에서 당선을 기대한다든지', '잘 될 것이라는 희망을 기대한다든지' 하는 것은 얼마든지 해도 된다. 그러 나 사람과의 관계에서 오는 미묘한 나만의 생각들을 기대하는 것을 우려 하는 것이다.

무조건 기대를 하지 말자는 얘기도 역시 아니다. 그런 기대가 사람의 관계를 망친다는 것쯤은 알고 있자는 얘기를 하고 있는 것이다.

한때 사랑했던 여자가 있었다. 나는 그녀가 나만을 사랑할 것이라 굳 게 믿고 있었다. 아니, 굳게 믿은 것이 아니라 당연하게 그럴 것이라는 생각을 했었다. 그런데 그녀는 유명한 광고 카피, "사랑은 움직이는 거야.”를 말하며 당당하게 양다리를 걸쳤던 것이다.

그때 나는 깨달았다. 나는 ‘그녀가 나만을 사랑한다.’고 믿고 기대했었다는 것을….

남들이 볼 때에 바람인 것이 내가 볼 때는 로맨스인 것은 바로 이런 기대심리에 근거한다고 본다. 누구나 이런 생각을 한다. ‘나는 바람피우는 것이 아니라 진정한 사랑을 하는 것이라고….’

누구나 결혼을 하면 당연히 행복할 것이라고 기대한다. 그 기대에는 ‘남편이 나에게 당연히 잘 해 줄 것’이고, ‘아내 역시 당연히 남편에게 잘 해 줄 것’이라 생각한다. 또 서로에게 변함없는 사랑 표현을 해 주고, 함께 시간을 보내고, 말에 귀 기울여 주고, 내 편이 되어 주고, 힘들 땐 그 어려움을 함께 이겨내고…. 결혼할 때 주례사 말씀처럼 되리라는 것부터 시작해서 그 기대의 리스트는 끝이 없다.

물론 이런 것을 상대에게 분명하게 말하진 않았을 것이며, 말을 했어도 서로가 그것을 진지하게 받아들였는지는 각자의 상상에 맡기겠다.

사람들은 주로 혼자 기대하고, 혼자 실망하고, 그것이 반복되면 좌절하고 심지어 폭발하는 경우가 있다. 그래서 여자들이 나이 50이 넘어서 부부싸움할 때 우는 소리를 들으면, 거의 복식호흡처럼 심장 깊은 곳에서부터 억눌러 있던 복창 터지는 억울한 울음이 나오는 경우가 있다. 그렇다고 결혼은 처음부터 행복한 것이 아니라고 인식하면서 시작할 수는 없지 않겠는가?

기대가 사람의 관계를 망친 특별한 예가 나에게 있다.

십 년 전, 친구인 개그맨 김용만이 최고의 전성기를 누리며 방송프로그램을 여섯 개 진행할 때였다. 그 친구가 진행하는 프로그램 중에 〈신비

한 TV 서프라이즈〉라는 프로그램이 있었다. 그런데 그 프로그램의 여자 MC가 하차를 하고 새로운 파트너 MC를 찾고 있다는 소식을 듣고 나는 용만이에게 같이 했으면 좋겠다고 운을 띄웠다.

MC의 역할이 그다지 중요한 프로그램이 아니었다. 오프닝하고 진짜인지 가짜인지 하는 드라마를 세 편 보고 엔딩하면 끝나는 프로그램으로서 MC의 역할은 고작 3분 분량이었기에 같이 해보자고 이야기를 했던 것이다. 용만이는 재밌겠다며 함께 해 보자고 했다. 담당 PD와 얘길 다 해놓고도 답이 없어서 뒷이야기를 알아보니까, 얘기가 이상하다. 결론은 내가 하지 못하는 것이었다. 정작 내가 MC로 합류되는 것을 용만이가 반대한다는 거다. 나중에 둘은 정말 심하게 싸웠다.

그 일이 있고 나서 둘은 서먹서먹하게 몇 개월을 보냈고, 어느 날 둘이 만나 서로의 잘못을 뉘우치며 깊은 대화를 나눴다. 나는 내가 욕심을 부린 것이라 사과했고, 그 친구는 자기가 욕심을 부린 것이라고 하면서 서로 미안하다고 하였다. 이는 친구니까 기대해도 좋다는 착각이 무너진 사건이었다.

괜한 기대를 가짐으로써 좋은 친구 관계를 망칠 뻔했다. 기대는 사람의 관계를 망친다. 누구의 잘못도 아닌 사건이었고, 그야말로 친한 친구라는 것은 심리학 용어로 풀자면 나 혼자만의 '허위합의'라는 것이다.

그 후로 나는 누구에게나 그 어떤 기대도 하지 않았다. 그렇게 마음먹는 것이 오히려 그와 나를 더 돈독하게 만들 수 있는 것이라 믿는다.

나는 강연을 많이 하는 사람이다. 강연 도입부에 반드시 하는 얘기가 있다. 기대가 사람과의 관계를 망치니까 오늘 강연에 오신 분들은 절대 기대하지 말라는 얘기…

그런데 신기하게도 이런 얘기를 하고 강연을 시작하면 그 날 강연의

점수는 높게 나온다. '그래, 기대하지 말고 듣자.' 라는 심리를 심어 놓고 하니까 오히려 강연 내용을 좋게 여기게 되는 것이 아닐까?

자, 이렇게 해보자.

결혼이든 사업이든 연애든, 기대를 하지 말고 오늘 자신의 일에 충실해 보자. 오늘 충실한 사람은 내일도 충실한 법이니 그럼 굳이 기대하지 않아도 기대하는 것보다 더 좋은 결과가 나오지 않을까?

새로운 사람을 만나면 나도 모르게 걸었던 기대가 있다. 친하게 잘 지내면 좋은 일이 많이 생길 것이라는…. 그런데 좋은 일은커녕 안 좋은 일만 안 생겨도 다행이 아니겠는가?

기대는 사람과의 관계를 망친다. 이제부터는 나 혼자만 가지고 있는 '허위합의' 를 밖으로 꺼내어 반드시 자신에게 물어보길 바란다.

한마디 더

자기 자신에게 물어보는 습관의 예

"열심히 하겠습니다." = 정말 열심히 할 수 있는지….

"사랑해." = 정말 사랑하고 있는지….

"믿어 주십시오." = 믿게끔 행동하고 있는지….

"안 그럴게." = 정말 앞으로는 안 그럴 자신이 있는지….

그렇게 스스로 확인해서 결심하라.

기대할지 말지를…!

다름을 외우자

남자와 여자의 뇌 구조가 다르다고 학자들이 이야기한다. 같은 사물을 놓고도 생각하는 방향(관점)이 다르기 때문이다.

왜 여자와 남자는 서로가 그토록 필요로 하면서 그토록 싸울까?

왜 신혼 때는 서로 닮은 아기를 낳았으면 좋겠다고 얘기하고 나중엔 서로 닮은 것이 약점이 될까?

결혼 전에는,

"오빠, 오빠 닮은 아들 낳고 싶어."

"너 닮은 딸이 더 좋은데?"

이런 식으로 대화를 하던 남녀가, 결혼 후에 어느 정도 삶의 무게에 눌리면 대화가 바뀐다.

"이 놈의 자식 지 애비 닮아서…."
"저 놈의 계집애 하는 꼴 봐라. 지 어미하고 똑같네."
이런 식으로 말이다.

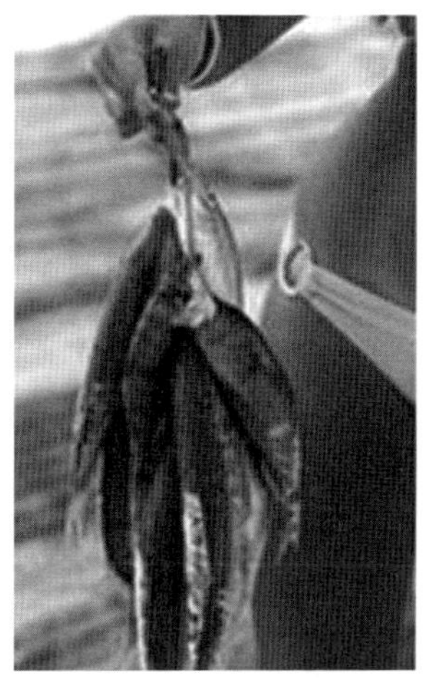

이 사진을 보면서 여자들과 남자들은 무슨 생각의 차이를 보일까?

여자들에게 이 사진을 보여주었다.

여자들은 대부분 이 물고기가 무엇인지를 물어본다.

냉장실에 넣어야 할지, 냉동실에 넣어야 할지를 고민하며, 탕으로 먹어야 할지, 지리로 먹어야 할지를 고민한다.

남자들은 무슨 생각을 할까?

남자들은 이 사진을 인터넷으로 보면 거의 다가 똑같은 현상이 일어난다. 마우스를 오른쪽으로 계속 긁어 본다.

왜 그럴까?

그건 남자들이 음흉하기 때문은 아니다. 남자들은 아내의 상을 치르고 돌아오는 길에서 예쁜 여자가 지나가면 쳐다보는 그런 사람들이다.

그것은 아내를 사랑하지 않아서가 아니라 습관이요 지병인 것이다.

남자들 공통의 지병으로 말미암아 벌어지는 일들이 얼마나 많은가?

남자들은 예쁜 여자들을 좋아한다.

열 살 때에는 예쁜 짝이 오기를 기대한다.

스무 살 때(弱冠〈약관〉. 관례를 치러 성인이 되는 나이)에는 예쁜 여자 친구가 부모보다 좋다.

        Part 2. 인간관계에서 통하라

서른 살 때(而立〈이립〉. 사회에 기반을 닦고 일어서는 나이)에는 어떤가?

역시 예쁜 여자가 눈에 들어온다.

마흔 살 때(不惑〈불혹〉. 세상의 거짓됨에 유혹되지 않을 나이)에는 어떤가? 인생을 살아볼 만큼 살아보고 알 만큼 안다고 내세울 나이다. 이 때는 어떤가?

역시 예쁜 여자가 좋다.

그럼 50대 때(知天明〈지천명〉. 타고난 운명을 아는 나이)에는 어떤가?

역시 예쁜 여자가 좋다.

60대 때(耳順〈이순〉. 생각하는 것이 원만하여 어떤 일을 들으면 곧 이해가 되는 나이)에는 좀 다른가 했더니 똑같다.

역시 예쁜 여자를 좋아한다.

그럼 환갑을 지나면 남자들이 좀 달라질까?

환갑은 61세(還甲〈환갑〉, 華甲〈화갑〉, 回甲〈회갑〉. 60갑자가 다 지나고 다시 태어난 해의 간지가 돌아왔음을 의미한다)를 지칭한다.

이렇게 환갑은 어쩌면 다시 태어난 나이이며 지난 인생에서 못 배우고 지나간 여러 가지를 다시 깨닫는 나이다.

환갑에도 역시 예쁜 여자를 좋아한다.

이런 게 남자들의 공통된 지병인 것이다.

그러니까 반대로 여자들은 속된 표현으로, 공부 잘하는 년보다 예쁜 년, 집안 좋은 년보다 예쁜 년, 팔자 좋은 년보다 예쁜 년이 더 좋다고 성형들을 하는 것 아니겠는가?

공부를 잘하거나, 집안이 부자이거나, 운이 좋거나를 떠나서 여자들은 예쁜 것을 최고로 친다. 여자들의 공통된 지병은 예뻐지고 싶어서 안달이라는 거다.

몸매가 훌륭한데도 살을 더 빼야 한다는 둥, 얼굴에 문제가 없는데도 손봐야 한다는 둥….

여자와 남자는 많이 다르다.

이 다름을 이해하는 폭이 문제이다.

이해가 잘 되다가도 어느 순간에 도저히 상대가 이해가 안가는 부분
이 있다.

그럴 때에는 이해하려 하지 말고 그냥 인정해야 한다.

여자를 외우자. 남자를 외우자. 그냥 외우자.

한말씀 더

그냥 외우다 보면 이해도 된다.

이해 안 가는 것을 이해하기 위해 약간은 억울하더라도 외우자. ㅋㅋ.

내가 잘 되기를
바라는 사람을 만나자

속담 중에 '사촌이 땅을 사면 배가 아프다'는 말이 있다.

욕심도 많아지고, 남보다 잘하려고 애쓰기도 하고, 성공한 사람을 부러워도 해보니 '사촌이 땅을 사면 배가 아프다'는 속담만큼 사람의 부러운 심리를 잘 표현한 말도 없겠다 싶다.

속담의 뜻이야 너무나 잘 아는데, 왜 배가 아픈 것일까?

부러워서 배 아픈 건 알겠는데 생판 모르는 다른 사람도 아니고 사촌이 땅을 샀는데 왜 축하는 못해 줄지언정 배가 아플까?

어쩌면 '사촌'이기 때문에 더 배가 아픈 게 아닌가싶다. 차라리 모르는 사람이 땅을 샀으면 고상하게, 진심으로 축하한다는 말을 건넸을지도 모르겠다. 그런데 나와 가까운 사촌이기에 배가 아플 수도 있겠구나 하는 생각이 든다.

실제로 얼굴 한 번 본 적 없는 사람이 TV에 나와 사업으로 몇 십 억, 몇 백 억을 벌었다는 이야기를 들으면 그저 '부럽다.' 로 끝날 수가 있다. 그런데 그 주인공이 내 학창시절 친구라고 하면 부러움은 내 아랫배로 내려가 복통으로 변하게 된다.

실제로 이런 이야기를 들은 적이 있다.

A와 B는 고등학교 친구로 그리 친하게 지내지 않았지만 결혼 뒤에 같은 동네에 살게 되면서 자주 만나게 됐다고 한다. 남편 얘기, 애들 얘기, 남한테 털어놓지 못하는 속 이야기를 나누면서 둘은 부쩍 친해졌다.

B라는 친구는 남편의 사업실패로 A보다 형편이 좋지가 않아, A라는 친구가 도움도 주고, 만나서 밥을 먹거나 커피를 마실 때면 늘 A가 돈을 냈다고 한다. A는 자기만 돈을 쓰는 것에 대한 불만은 하나도 없었고, 심지어 B라는 친구에게 슬그머니 용돈도 주는 마음 씀씀이를 보였다고 한다. B로서는 A가 세상에 둘도 없는 고마운 친구인 셈이었다.

그런데 B의 남편 사업이 크게 성공을 한 뒤부터 둘의 사이는 달라졌다. B는 자기가 어려울 때 많은 도움을 받았기에 A를 만나면 받은 것 그 이상을 베풀었는데, 시간이 지날수록 A는 점점 바쁘다는 핑계로 B를 멀리했다. 게다가 B의 남편의 사업 성공을 누구보다 기뻐할 줄 알았는데, 생각했던 것과는 달리 A는 시큰둥했다. B는 A가 왜 갑자기 변했는지, 사이가 멀어진 이유를 통 모르겠다고 한다.

과연 이 이야기에도 사촌이 땅을 사면 배가 아프다는 속담이 적용된 것일까?

B에게 잘해 준 A의 마음은 측은지심이거나 남을 돕는다는 자기만족,

　　　　　　　　　　　

혹은 나보다 불쌍한 친구라는 것에 위안을 받은 것일까?

만약에 A와 B가 가깝지 않은 사이였다면 어땠을까?

그저 동창들 소식을 통해서 "B가 형편이 어려웠는데 이번에 남편 사업이 성공했대."라고 들었다면 잘됐다며 기뻐할 수 있었을지도 모를 일이다.

물론 사이 좋은 친구가 이런 이유로 다 멀어지진 않겠지만 A의 마음엔 '사촌이 땅을 사면 배가 아프다' 는 심리가 작용된 것 같다.

A와 B. 이 친구들처럼은 아니더라도 남이 잘되면 배 아픈 심리는 곳곳에서 튀어나온다.

나와 골프 실력이 비슷한 사람과 내기 골프를 칠 때, 상대방의 O.B.(오비, 아웃 오브 바운즈의 약어. 페어웨이나 러프가 아닌 정상적인 플레이 이외의 구역들을 의미함)에 얼굴은 안타까워하지만 마음은 편안해지고, 퍼팅을 지켜보면서 '들어가지 마라~.' 라고 한 번쯤 주문을 해 본 적이 있을 것이다.

이런 건 작정을 하고 마음먹은 것이 아니라 나도 모르게 튀어나오는 습성일 때가 많다. 그런데 골프를 오래 치다 보면, 상대방 실수를 좋아하는 사람치고 실력이 좋은 사람은 드물다. 그날 자신의 스코어 성적이 저조해도 상대방의 멋진 플레이에 박수를 보내는 사람은 역시나 실력도 좋고 매너도 좋고, 그 사람 때문에 골프 치는 내내 좋은 분위기가 만들어진다.

만약 내가 스코어가 좋지 않다고 상대방의 퍼팅 성공에 인상 팍팍 쓰고 있으면, 상대방 역시 불쾌감을 표시하게 되고, 남의 샷 신경 쓰느라 내 샷이 잘될 리가 없다. 그러면 18홀 내내 아까운 시간과 돈만 버리는 꼴이 되는 것이다.

초등학생에게 "사촌이 땅을 사면?"하고 물었더니 "구경 간다."는 대답처럼 우리도 아무 사심 없이 진심으로 상대방의 성공을 빌어줘야 한다. 어려울 때 잘 해 주는 친구도 필요하지만, 내 성공을 진심으로 기뻐하고 잘되기를 바라는 친구를 만나면 좋은 기운을 얻을 수 있다.

재미있는 설문

"사촌이 땅을 사면?"하고 물었다(자료조사는 각각 20명으로 했다).

초등학생	구경 간다
고등학생	근데요?
대학생	좋겠다

	여자	남자
30대	살 줄 알았다	나도 언젠가는….
40대	우리 집이 싫다	마누라 눈치 보인다

앞에서 하지 못하는 말은
뒤에서도 하지 말자

세상에서 가장 맛있는 술안주는 뭐니뭐니 해도 남 이야기, 뒷담화가 아닐까?

처음 시작은 대개 이렇다.

"그 친구 요즘 어떻게 지낸다니?"

가벼운 근황 이야기로 시작하다가 분위기가 무르익으면 굵직한 단점을 늘어놓기 시작한다.

"걔는 그런 게 참 문제야."

"안 되는 이유가 있다니까."

"우리니까 만나지. 그 성격을 누가 받아 주냐?"

누가 한 사람을 험담하기 시작하면 들어 주는 사람은 대개 가볍게 동조를 하거나, 신나게 맞장구를 치곤 한다. 그러면 험담을 시작한 사람은 더욱 흥이나 살을 덧붙여 '카더라통신'까지 만들어낸다.

대개 이런 이야기들은 그 자리에서 잠시 안주 거리로 씹는 이야기에 그치고 떠든 사람은 곧 잊어버리지만, 그때 있었던 이야기가 당사자 귀에 들어갔을 때는 큰 상처가 된다.

남말하는 거 좋아하는 사람치고 "네가 그런 말을 했다며?" 하고 대면했을 때, 그렇다고 인정하는 사람은 하나도 없을 것이다. "난 그렇게 말하지 않았는데, 듣는 사람이 오해를 한 거야."라고 변명을 늘어놓기 일쑤이다.

세상 살면서 가장 억울한 일은 헛소문에 피해를 입는 일이 아닐까 싶다. 아니 땐 굴뚝에 연기가 나는 일을 몸소 겪는 것이다. 일명 '증권가 찌라시'라고 해서 연예인들의 별의별 소문이 꾸준히 나오곤 하는데, 문제는 몇몇 소문이 사실로 밝혀지면서, 어처구니없는 다른 소문까지 진실로 굳어지는 경우가 있다.

연예인이야 흉이든 칭찬이든 대중의 이야깃거리가 되는 것이 숙명이라 치지만, 동료나 친구, 가까운 지인들이 내 험담을 하고 없는 소문을 만들어낸다면 마음의 충격은 상당할 것이다.

하루는 친구가 약속이 있어 커피숍에 들렀는데, 옆 테이블에 네 명 정도의 여자들이 앉아 수다를 떨더란다.

"아우~, 애. 가방 예쁘다. 하여간 넌 참 패션 센스가 뛰어나단 말이야."

"피부관리받는 거야? 어쩜 넌 갈수록 예뻐지니?"

"넌 직장이 탄탄해서 좋겠다. 그 나이에 벌써 승진도 하고….”

남자들의 대화에서는 들을 수 없는, 손발 오글오글한 칭찬을 해주며 분위기가 아주 좋더란다. 그런데 한 친구가 화장실을 갔다온다며 자리를 떴는데, 그 다음 대화가….

"쟤 짝퉁 들고 다니면서 명품 흉내내기로 유명하잖아. 아마 저 가방도 짝퉁일걸?”
"피부과, 성형외과 뻔질나게 다니면서 자연미인 척하잖아. 다 티나는데….”
"쟤 애인이 아마 자기 상사인가 그럴걸? 회사에 소문 다 났다던데?”

분명 바로 전에는 온갖 칭찬을 일삼던 친구들이 1분도 안돼서 험담을 늘어놓는 신세계를 경험했다고 한다. 그런데 더 놀라운 것은 듣고 있는 친구들의 반응이다.

"어머. 그래?”
"아우. 난 몰랐는데…, 그렇구나.”
"세상에…, 어쩐지….”

하나같이 동조를 하더란다. 그걸 보면서 남의 흉을 하는 사람보다 그 말에 동조하는 사람이 더 무섭더라고 한다. 험담을 하는 사람이야 습관이든 목적이 있어 그런다고 치지만 동조하는 사람을 보면 그 헛소문을 진실로 알고 행동을 하기 때문이다. 그리고 그 소문에 휩싸인 당사자가 가장 억울한 것이고…. 말하는 사람이야 '아니면 말고~' 식의 이야기라고 하겠지만, 당사자에겐 치명적일 수 있기 때문이다.

남의 말을 습관처럼 하는 사람은 왜 그럴까?

남의 말을 할 때 주변 사람들과 한마음 한 뜻으로 의기투합하는 맛 때문일까?

뒷담화 주인공에 대한 피해의식과 원망 때문일까?

뒷담화를 하는 동안은 자기 말을 들어 주고 집중하기 때문일까?

한번은 이런 뒷담화 문제로 가까운 친구와 곤란을 겪은 적이 있었다. 나의 절친(A)과 그냥 좀 아는 후배(B)와의 갈등 속에 잠시 본의 아니게 끼였다가 생긴 곤란이었다.

하루는 후배(B)에게 전화가 걸려 왔다.

후배 : 영호 형. ○○형 왜 그래? 그 형은 약속을 안 지켜. 그 형은 입만 열면 다 가식이야.

나 : 왜~, 무슨 일 있어?

후배 : 그 형은 착한 척 포장하고, 방송에서는 아주 넉넉한 인상을 주니까 사람들이 그 형이 얼마나 욕심이 많은지 모른다니까.

나 : 걔가 원래 욕심이 좀 있잖아. 네가 이해해라.

후배 : 그 형 돼지 같아. 벌 받을 거야.

나 : ㅎㅎㅎ. 알았으면 이해해라.

이렇게 통화하고 끊었는데 다음날 절친에게 전화가 왔다. 만나서 할 얘기가 있단다.

그는 내게 어쩜 그렇게 뒷담화를 할 수 있냐고 따졌다.

나는 당연히 안 그랬다고 했다.

그랬더니, '헐'이다.

그 후배가 나랑 통화 한 것을 녹음해서 들려주더라는 거다.

진짜 '헐'이다.

나로서는 그 후배의 흥분된 감정을 좀 가라앉혀 주기 위하여 맞장구를 좀 쳐 줬을 뿐인데 그것이 뒷담화의 주인공으로 전락하게 되는 기막힌 반전이 된 것이다. 그 후로 우리 셋은 돌아가지 못할 강을 건너 지금껏 3년이 지나도록 보질 않는다. 신뢰가 다 깨진 것이다.

이래저래 뒷담화는 좋지 않은 결과를 가져다준다. 그런데 남의 얘기를 전혀 하지 않고는 살 수가 없다. 왜냐하면 우리는 누구누구와 서로 얽혀서 사회를 만들고 누구누구와 얽혀서 친분이 생기기 때문에 전혀 그들에 대해 말하지 않고는 관계를 맺으며 살아갈 수 없는 것이다.

뒷담화하는 것이 지병이라서 고칠 수 없다면 이렇게 해보는 것은 어떨까?

여자들은,

"에이, 쟤는 얼굴만 예뻐 가지고…."

"저 계집애는 공부 잘한다는 거 하나 가지고…."

"피부 고우면 다냐?"

남자들은,

"에이 짜식. 의리 있는 주제에…."

"저 자식은 너무 잘 생겼어…."

"능력 있고 잘 생기고 돈까지 많은 주제에…."

뭐 이런 식으로 뒷담화를 하자.

어차피 앞에서 못할 말이라면 뒤에서도 하면 안 되듯, 앞에서 할 수 있는 얘기를 뒤에서도 하는 것이다.

그러면 아름다운 뒷담화가 되지 않을까?

| 안 할 수 없다면 아름다운 뒷담화 문화를 만들어 가자.

어느새 내가

회갑잔치가 기억이 안 나서 육순과 회갑이 겹쳐서 떠올라
육갑잔치 잘 치르셨어요? ㅜㅜ.

아이스크림 사러가서 '설레임'이 기억이 안 나서
아주머니 '망설임' 주세요. ㅜㅜ.

은행통장 재발행하러 가서
'이거 재개발해 주세요.' ㅜㅜ.

아들 친구들이 놀러 왔기에 "포크레인 먹어라."
알고 보니 콘프레이크. ㅜㅜ.

병문안을 갔는데 '식물인간'이란 단어가 안 떠올라
"야채인간 되셨으니 얼마나 마음이 아프시겠어요." ㅜㅜ.

이 세상에는 세 가지의 귀중한 금이 있다

"황금, 소금, 지금!"

이 말을 들은 남자가 아내에게 문자를 보냈다.

아내가 즉시 답을 보냈다.

"현금, 지금, 입금!"

인생에서 중요한 3가지를 말한다면(SNS에서 발췌)

• 인간의 3가지 좋은 습관

 1. 일하는 습관

 2. 운동하는 습관

 3. 공부하는 습관

• 인간을 감동시키는 3가지 액체

 1. 땀

 2. 눈물

 3. 피

• 3가지 만남의 복

 1. 부모

 2. 스승(멘토)

 3. 배우자

• 남에게 주어야 할 3가지

  1. 필요한 이에게 도움

  2. 슬퍼하는 이에게 위안

  3. 가치 있는 이에게 올바른 평가

• 내가 진정 사랑해야 할 세 사람

  1. 현명한 사람

  2. 덕 있는 사람

  3. 순수한 사람

• 반드시 소유해야 할 3가지

  1. 건강

  2. 재산

  3. 친구(배우자)

• 인생의 3가지 후회

  1. 참을걸

  2. 즐길걸

  3. 베풀걸

• 살면서 한번 놓치면 다시 돌아오지 않는 3가지

  1. 시간

  2. 말

  3. 기회

• 살아가는 데 가장 가치 있는 3가지

  1. 사랑

  2. 자신감

  3. 긍정적 사고

• 성공적인 사람을 만들어 주는 3가지

  1. 근면

  2. 진실성

  3. 헌신과 전념

• 실패하는 사람을 만들어 주는 3가지

  1. 술

  2. 자만

  3. 화냄

• 인생에서 한번 무너지면 다시 쌓을 수 없는 것 3가지

  1. 존경

  2. 신뢰

  3. 우정

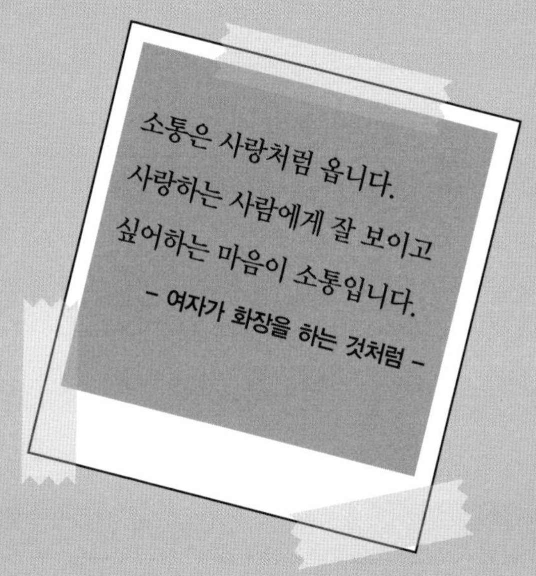

Part 03 조직, 기업의 성장을 위해 통하라

회사를 발전 · 성공시키는 에너지 소통법

조직사회처럼 이기적이고 치열한 집단도 없다. 거기서 존경받는 사람들의 공통점은 무엇일까? 탁월한 스펙은 아니다. 능력과 스펙보다 중요한 것, 바로 조직과 기업을 살리는 소통이다. 복잡 미묘한 조직과 단체 그리고 서로 추구하는 목표와 매출 달성을 위해서 우리는 협력하지 않으면 안 된다.

행복한 직장, 꿈꾸는 직장을 만들어 보자.

일터에서 조직원들에 마음의 거리를 좁히자.

조직을 '흥하는' 소통으로 리드하라.

조직의 성공을 만들어 주는 소통법은 따로 있다.

배려의 아이콘, 유재석처럼 소통하자

소통으로 성공을 디자인하라

몇 해 전부터 개그맨 유재석은 배려의 아이콘으로 자리를 잡았다.

'유재석, 그는 누구인가?'

지난 8~10년 동안 최정상을 누리고 있는 엔터테이너 방송 MC가 아닌가?

보통 연예인의 인기 유지 기간이 5년 정도 되는데, 특히 최정상의 인기 유지 기간은 길어야 3년이다. 3년에서 5년의 인기를 누린 후 그것을 밑천삼아 평생을 우려(?)먹으며 살 수도 있는 것이 연예인이기도 하다.

그런 연예인의 특성은 인기가 오를 땐 그 인기가 오래갈 줄 알고 있는 것이 보통의 심리 패턴이다. 또는 오래가고 싶어서 전전긍긍하면서 인기를 누리는 기간을 늘이려 애쓴다.

나도 한때 작게나마 인기라는 것을 맛보았을 땐 그 보잘것없는 인지도가 오래갈 줄 알았다. 아니 적어도 지금처럼 비 맞은 종잇조각처럼 맥 빠질 줄은 몰랐다. 요즘은 알아봐 주는 사람이 있으면 대머리가 머리카락 한 올을 귀히 여기는 것처럼 너무너무 감사하다. 푸하하.

유재석은 주변의 동료와 스태프들을 잘 챙기고 염려해 주고 다독여 주는 리더의 모습을 보여 줌으로써 배려의 아이콘 '유느님'이 되었다.

방송 프로그램을 하면서도 나는 그가 출연료를 먼저 이야기하는 것을 본 적이 없다. 그 이유는 자기가 출연료를 올려달라고 하면 한정된 제작비에서 반드시 피해를 보는 사람이 생기기 때문이라는 것이다. 자기의 출연료가 오르면 출연자 중 누군가는 그만두어야 하거나 패널의 숫자를 줄이게 되거나 스태프들의 비용이 줄어들어야 한다는 설명이었다.

한번은 재석이가 이런 내용으로 나랑 진지하게 얘기하다가 자기 출연료는 자연스럽게 올라간다고 한다. 이유인즉, 출연 멤버들이 열심히 하게 되고 스태프들이 양질의 서비스를 하기 때문에 시청률은 오를 것이고 그럼 제작비도 더 늘어나게 되고, 제작비가 늘어나면 자신의 출연료도 자연스럽게 늘어나기 때문에 괜찮다는 것이었다.

정말 이치상 맞는 말이었다. 그는 지금 대한민국에서 가장 비싼 방송 MC가 되었다.

나는 서프라이즈, 놀라웠다.

'아…, 재석이는 정말 멋진 녀석이구나. 나보다 나이는 어리고 후배지만 더 큰 인물이구나.'

앞으론 재석이에게 괜히 선배랍시고 가르치고 야단치지 말고, 오히려 내가 배워야겠다고 느꼈다.

어느 날인가 한번은 밤늦게 전화가 왔다.

우리는 수시로 만나서 밤을 새우면서 이바구(이런저런 농담과 잡담)를 날리는 사이이다. 그 날도 새벽이슬 맞아가며 이야기꽃을 피우고 금방 헤어졌는데 또 무슨 할 얘기가 있어서 전화를 한 걸까를 생각하며 전화를 받았다.

"왜?"

"아, 형. 동생이 할 얘기가 있어서 전화를 했는데 '왜?' 라니 형!"

ㅎㅎ. 우리의 대화는 늘 이런 식으로 시작한다.

차를 바꿀 때가 되어서 고민 상담 전화를 한 것이다.

자기가 외제차를 타면 사람들이 욕할 것도 같고, 아버지도 국산차 타는데 자신이 건방지게 외제차를 타는 게 좀 그래서, 국산차 중에 중형차를 탈까 하는데 어떤 게 좋을지 골라달라는 것이다.

나는 처음엔 가볍게 외제차 타도 되겠다는 의견을 주었고, 한참을 생각하다가 그것이 영 내키지 않는다면 국산차 중에 이런 모델이 어떻겠냐고 의견을 주었다.

며칠 후, 그는 나랑 얘기하던 그 모델로 차를 바꾸고 새 차 시승을 시켜 주겠다며 한껏 뽐을 내며 우리 집 앞에 왔다. 국산차가 요즘 세계적인 성능이 됐다며 이것저것 자동차 세일즈맨처럼 설명을 하는 모습을 보고 나는 그에게 반했다.

지금 이 시간 대한민국에서 가장 잘 나가는 개그맨이 중형 국산차에 만족하며 들떠 있는 모습이 너무도 아름다워 보였다.

사실 연예인들 대다수는 인기의 척도인양 인기가 조금 오르는 기색만 보이면, 외제차를 타고 다닌다. 인기가 오르면 무조건 차부터 외제차로 바꾸는 현실에서 이 녀석은 달랐다.

그래서 '심봤다…' 라는 제목으로 내 미니홈피에 글을 올렸더니, 홈페이지에 하루에 5만 명이 다녀갔고, 그 글을 쓴 지 6년이 지난 지금도 나는 유재석의 열성 팬들에게 시달리고 있다.

시달리는 요인은 이 때문이다.

"표영호 너 때문에 우리의 사랑하고 전지전능하신 유재석 님께서 외제차를 평생 못 탄다."는 것이다. 유재석의 지능형 안티가 표영호라는 둥…, 너 같은 놈이 우리 '유느님'을 국산차에 가둬 놓았다는 둥, 웃지못할 일들이 벌어진 거다.

그런데 내가 아는 유재석은 처음부터 이런 배려의 사람은 아니었다.

신인시절엔 나랑 어디 행사장엘 가도 혹여나 내가 멘트를 인터셉트(intercept)할까 쉴 틈 없이 멘트를 날리던 사람이었다. 그리고는 이내 자기 멘트에 기죽어서 못 치고 들어온다는 핀잔을 주기 일쑤였고, 심지어 내가 끼어들 틈을 주지 않기 위해 숨도 안 쉬고 멘트하다가 사레들린 일도 있었다.

곳간에서 인심난다고 했던가?

인기가 높아지고 수입이 늘어나니까 그는 대부분의 사람이 그러하듯 가진 자의 횡포와 욕심을 부리지 않고, 점점 더 배려의 마음을 갖기 시작했다. 근본적으로 아주 착한 마음이 있는 사람이다.

대개 인기 있는 사람들은 더 인기를 얻으려고 발버둥친다. 그러나 그는 점점 더 사람들을 배려하기 시작했다. 자기가 하는 프로그램에 사람들을 추천해 주는가 하면, 추천한 사람을 프로그램에 녹여서 살려내려고 진심으로 애쓰는 착한 연예인이다.

그러면서 사람들은 그를 자연스럽게 '배려의 아이콘'이라 칭찬하기에 이르렀고, 사람들이 배려의 아이콘이라 인정하기 시작하면서 그는 더욱더 상대방을 배려하는 데 신경을 쓰는 사람으로 성숙해 간다는 느낌이 들었다.

기부나 봉사를 하는 분들은 기부나 봉사를 통해 한없이 행복을 느낀다고 한다. 그렇듯 아마도 유재석은 배려를 통해 한없이 기쁘고 행복할 것이다.

     Part 3. 조직, 기업의 성장을 위해 통하라

어느 날인가, 유재석이 녹화 후 뒷정리를 하면서 휴지를 줍는 사진이 인터넷에 떴다. 그 사진을 본 네티즌들은 모두 그를 칭찬하였다.

'정리의 신, 역시 유느님', '유느님을 대통령으로….' 등등 멋진 글들이 올라왔다.

그 후로 '어디 주울 휴지 또 없나?' 찾는 듯 '유재석은 땅만 보고 다닌다'는 우스갯소리를 많이 했다.

소통이란 게 별건가?

나만 잘 살아보겠다고 욕심 부리는 사람이 많은 세상에서,

유재석처럼 남을 배려하고 자신을 낮추는 것이

소통의 기본 아닐까?

이경규는 어떻게 30년 동안
인기를 끌고 있을까?

나는 '이경규'라는 시대의 걸출한 예능적 인물을 존경하고 또 존경한다. 단순하게 그가 방송에서 잘나가는 인기연예인이고 선배라서 존경하는 것이 아니다. 나는 흔들릴 때 그를 떠올리며 중심을 잡을 때가 있다.

그는 수없이 많은 TV프로그램을 진행한 MC이자 개그맨이다. 또 개편 때마다 PD들이 만나고 싶어하는 인물 1위다. 이경규 선배는 정말 많은 프로그램을 했지만 그중에 '이경규' 하면 떠오르는 프로그램이 있다. 그것은 바로 MBC 〈일요일일요일 밤에〉였다.

또 〈일요일일요일 밤에〉 하면 지금도 가장 먼저 떠오르는 코너는 뭐니뭐니해도 이경규의 '몰래카메라'이다. 1991년 첫 방송을 시작한 '몰래카메라’는 범국민적인 예능 프로그램으로 일요일 저녁시간에 온가족을 한자리에 불러모으는 효과를 보였다. 그 당시 ‘몰래카메라’는 오락프로그램 사상 70%라는, 지금도 있을 수도 없는 경이로운 시청률을 기록하는 등, 그야말로 대한민국을 들었다놓았다 했다.

많은 시청자분이 그 몰래카메라를 추억하고 아쉬워해서 지난 2005년에는 14년 만에 다시 부활하게 된다. 제목은 ‘돌아온 몰래카메라’!

이 ‘돌아온 몰래카메라’는 90년대 당시의 인기에는 못 미친다는 비판을 받기도 했지만 30%대의 높은 시청률을 올리며 화제를 모았었다. 이렇게 몰래카메라를 통해 스타가 된 후 지금까지 시종일관 인기를 유지하는 그에게 항간에서는 ‘예능의 신’이라 부르기도 한다.

그를 ‘예능의 신’이라 부르는 이유는 단순히 인기가 있어서가 아니다. 대중들의 속성상 인기를 5년간 유지하기도 힘든 것이 현실인데, 30년 가까이 인기를 유지하고 있기에 그는 ‘예능의 신’이라 불릴 만하다.

그의 30년 인기 유지의 비결은 뭘까?

그는 연예계에 데뷔 후 시종일관 빼먹지 않고 하는 것이 있다. 그것은 아이디어 회의이다. 예전에 MBC 〈일요일일요일 밤에〉라는 프로그램에서 ‘몰래카메라’를 진행할 때 방송국에서 ‘일밤’ 팀과 함께 일주일 내내 회의를 하던 모습이 눈에 선하다. 시대의 흐름을 거스르지 않으며, 새로운 프로그램을 시작할 때마다 그는 PD, 작가들과 늘 회의를 한다. 그럼 “회의도 안하고 프로그램을 진행하는 MC들이 있나?”라고 물어볼 수 있을 것이다.

한마디로 “있다.” 프로그램의 섭외 단계에서부터 “출연료는 얼마 줄거냐?”, “녹화는 짧게 하라.” 등등의 옵션을 먼저 애기하고, 프로그램 콘셉트나 내용 설명을 들은 후 출연에 응하는 방식이 대부분이다.

그런데 이경규 선배는 늘 회의를 한다.

"어떻게 진행할 것이며 어떤 흐름으로 녹화가 진행됐으면 좋겠다." 하는 식의 회의를 함으로써 그들과 함께 스태프라는 느낌을 준다. 그렇게 했기에 그는 스태프들에게 진행자의 이미지보다 같은 스태프라는 이미지가 더 강하게 어필되어 한식구처럼 일을 한다.

그는 지금도 그 방법을 유지하고 있다.

결국, 이경규 30년 인기 유지의 비결은 바로 '스태프들과 소통의 시간을 많이 갖는다' 는 것이다. 스태프들과 술 마시고 밥 먹는 시간보다 회의를 많이 함으로써 일에 대한 신뢰를 높여간다.

스태프들과의 소통!

그것은 프리랜서인 이경규에게 이들이 뭘 요구하는지에 대한 니즈(needs)를 알게 해 줌으로써 더 좋은 프로그램을 만드는 데 밑거름이 되는 것이다.

한 가지 일로 30년을 버티고 또 그 한 가지 일로 최고의 자리를 30년 동안 유지하는 것!

그것은 이경규만이 할 수 있는 것이 아니다.

"왜?"

이경규라는 멘토가 있으니 우리도 충분히 가능하다.

이경규처럼 소통하라.

그것은 일을 대하는 성실성이 아닐까?

일을 대하는 성실성

나는 리더들의 스피치의 중요성을 인식하여 아카데미를 운영한다. 이름하여 '리더스 스피치 아카데미'이다. 여기 원우(학생) 중 90년대 인기그룹 소방차의 리드싱어였던 가수 김태형 형이 나온다. 형은 다른 원우들의 모범이 될 정도로 수업에 빠짐없이 나오는 것은 기본이요, 수업 말미에 리더들도 젊은 감각을 유지하기 위하여 요즘 댄스를 기본적으로 알아야 한다며 댄스 수업까지 해 준다. 그리고 사람들을 대하는 태도 자체가 성실하여 원우들이 이구동성으로 칭찬을 아끼지 않는다.

대개 아카데미나 각 대학의 AMP과정에 다니는 연예인들은 이름만 올려놓고 수업에 잘 참여하지 않아 원우들이 별로 좋아하지 않는다.

그런데 김태형 형은 정말 성실하다. 약속되어 있는 모든 것에 성실한 사람이다. 사람들이 김태형의 말이라면 호박이 수박이 된다고 해고 믿는 정도가 됐다. 이렇게 생긴 신뢰는 깨지지 않는다. 결국 이것이 자기 자신에게 기회를 주는 것이요, 성공하는 요인이 될 것이다.

'인정'에서 인정으로 리드하라

엄지손가락의 능력

한국 축구가 한참 재미없었던 시절, 우리는 영국의 프리미어리그를 보면서 한국 축구의 느린 경기를 한탄했다. 선수들의 빠른 공격과 수비 전환은 프리미어리그를 볼 때 눈을 뗄 수가 없는 요인이기도 하다. 화장 실이라도 다녀오면 어느새 골(goal)이 나 있기 때문에 모니터에서 잠시도 눈을 뗄 수가 없다. 슛은 또 얼마나 빠른지 크리스티아누 호날두의 슛은 준비동작 없을 때도 있기에 그야말로 전광석화 같은 대포알 슛이며 언제 어느 각도에서 골망을 흔들지 모르니까 잘 봐야 한다. 또 패스는 슛에 가 까우리만치 빠르고 정확하다.

그런데 한국 축구는 늘 느림보 패스에, 슛 동작에서 넘어지기 일쑤이 며 골인 장면도 그다지 멋지지 않다. 골대를 한참 벗어난 슛을 볼 때는 정말 한심하기까지 하다. '뻥뻥' 내지르기만 한다 하여 한국 축구를 '뻥 축구'라고 하기도 하였다. 하지만 요즘 한국 축구는 너무 많이 변했다. 그야말로 축구 스타들도 많이 배출되었다. 한국의 어린 선수들이 유럽과 아시아를 안방처럼 종횡무진 누비고 있다. 그럼으로써 축구 한류스타가 많이 탄생되었다.

어느 축구인의 고백 중에 이런 말이 떠올랐다. 한국 축구는 "차범근에서 시작되었고 차범근으로 요약되는 역사다."라고. 아시아의 작은 나라 대한민국의 축구 선수가 독일 축구의 레전드가 된 차범근. 그는 선수 시절에도 훌륭한 선수였지만 감독으로도 아주 훌륭한 지도자였다. 차범근 감독이 국가대표 감독을 맡았을 때 선수들이 가장 열심히 그라운드를 누볐다고 한다.

그 이유는 아주 간단하다. 차범근 감독은 운동장에서 경기하고 있는 선수를 큰소리로 호명하면서 가끔 엄지손가락을 치켜세워 주었다고 한다. 그것은 선수들이 지금 잘하고 있다는 메시지라서 그것을 본 선수들은 힘든 것도 잊게 된다고 한다. 숨이 턱까지 차올라 쉬고 싶은데 자기 이름을 부르며 엄지손가락을 올려 주면 인정받고 있다는 생각에 더 힘을 내어 뛰게 된단다.

일종의 초능력 손가락이다.

어떤 담금질이나 채찍질보다도 영향력 있는…, 힘들이지 않고 선수들을 자극하는 차범근 감독의 엄지손가락!

월드컵 48년의 역사에서 단 1승도 해보지 못했던 대한민국 축구를 월드컵에서 4강에 올려놓았던 명장 거스 히딩크 감독도 가끔 엄지를 들어 보였는데, 히딩크 감독의 엄지손가락은 경기 때보다 연습 때 많이 들어

올려진다고 한다. 연습량을 잘 소화했다든지, 작전을 이해했다든지 하면 여지없이 엄지를 들어 보이며 선수들과 아이 컨텍을 했다고 한다.

이렇게 인정의 엄지손가락은 사람을 춤추게 한다.

이렇듯 누군가에게 인정받는다는 것은 참으로 행복한 일이고 뿌듯한 일이다.

참고로 방글라데시에서는 절대 엄지를 들면 안 된다.

엄지를 들면 "지옥에나 가라."라는 뜻이란다.

새끼손가락을 올리는 것은 "너와의 관계를 끊겠다."는 뜻이니, 둘다 들면 "당신과 관계를 끊었으니, 지옥에나 가라."라는 뜻이다. 방글라데시에서는 절대로….

숨기고 싶었지만 밝히는 '인정' 이야기

아이가 '우리 아빠는 잘 놀아 준다.'고 생각하는 아빠는 실제로 잘 놀아준다. 그것은 어쩌면 아빠가 아이의 기대에 실망을 주고 싶지 않기 때문이다. 왜냐하면 아이에게 잘 놀아 주는 좋은 아빠라는 '인식의 끈'을 놓치고 싶지 않기 때문이다.

아이에게 인정받는 아빠이니 얼마나 행복한 일인가?

아내의 경우도 마찬가지다.

아내에게 살림을 잘한다고 인정해 줘 보자. 사실은 엄청 못한다고 하

  Part 3. 조직, 기업의 성장을 위해 통하라

더라도…. 무조건 잘한다고 인정을 해줘 보자. 칭찬 같아 보이지만 칭찬보다 조금 차원이 높은 게 '인정'이다.

어느 것 하나를 칭찬하고 나면 이 칭찬이 '진짜인가 가짜인가' 하는 의구심이 들기도 하고, 또 전혀 못하는 것을 칭찬하니까 비꼬는 거 같다고 싸우기 일쑤이다. 차라리 지금 하는 정도면 잘 하는 것이라 인정해 주면 최소한 더 엉망으로 하진 않는다.

어느 기업 강연장에서 이런 내용의 강연을 한 적이 있다.

내가 밖에서 열심히 일한답시고 돌아다니니까 집안이 개판되더라고요. 청소를 하지 않아서 발 디딜 틈도 없이 너저분해져서 쓰레기장을 방불케 하더라고요. 아내는 매일 드러누워서 드라마를 재방, 삼방 케이블 채널 돌리면서 계속 TV만 보는 거예요. 그러다가 자기 스스로 이게 뭔가 싶어 우울해 하고, 술 취해서 나에게 술주정을 부리고, 친구 만난다고 밖에 나가서는 새벽에 술 취해서 들어오고, 아이들은 과자로 저녁을 대신하기 일쑤였습니다.

그래서 엄청나게 싸웠습니다.

그런데, 그러던 어느 날 싸움이 멈췄지요.

왜 일까요? 제가 아내를 인정했기 때문입니다.

"어떻게요?"

'아, 이 여자는 게으른 게 아니고 TV를 좋아하는 여자다.'

'아, 이 여자는 밤에 돌아다니는 게 아니고 야경을 좋아하는 여자다.'

'아, 이 여자는 소녀적 감성이 있어서 자주 우울함에 빠지는 경향이 있다.' 라고 인정을 하니까 마음이 좀 편해졌습니다.

강연 말미에 질의응답시간에 어떤 분이 질문을 했다.

"지금도 부인께서 TV드라마에 빠져 있나요?

그래서 이렇게 답했다.

"제 와이프되시는 분의 최고의 장점은 멈추지 않는다는 겁니다."라고 했더니 삽시간에 웃음바다가 되었다. 물론 지금은 TV를 예전처럼 많이 보지는 않는 것 같다. ㅋㅋ.

'인정'이란 때로는 '이해가 되지 않는다'고 생각되는 나만의 기준을 버리는 것이다.

모든 것의 소통은 이렇게 타인을 '인정하는 것'에서부터 출발한다.

| 사람은 인정받는 대로 살아지게 된다는 걸 명심하자.

술주정뱅이에게의 인정

나의 중학교 친구 중에는 술을 젊었을 때부터 너무 많이 마셔 술주정이 습관이 된 동창이 있다. 이 친구는 술만 마시면 누군가와 시비가 붙어 싸움을 한다. 옆자리에서 조금만 쳐다봐도 왜 째려보냐며 시비를 걸어서 기어코 주먹다짐을 한다. 또 동석한 사람에게는 말이 안 통하고 답답하다고 또 주먹질을 한다.

술 마실 때마다 한 번도 안 빼고 싸움질을 하고 언쟁을 하니 이 친구랑 술 마시는 것은 폭탄을 안고 마시는 것과 같아 늘 불안하다. 그래서 그와는 아무도 술자리를 함께하려고 하지 않는다.

그런 어느 날 동창회를 여는데, 이구동성으로 하는 말이 그 친구가 나오면 자기는 안 나오겠다는 것이다. 나는 "그 친구는 안 나오니 나오라."
고 얕은 거짓말로 모두를 불러내었다.

친구들은 그 친구 옆자리가 비어 있음에도 아무도 앉질 않았다.

그래서 나는 술자리가 시작되기 전에 이런 말을 했다.

"집중! 오늘 동창회에 10년 만에 나온 OO에게 좋은 일이 생겼다. 술
주정을 10년 전에 끊었단다. 박수~."라고 했더니 다른 친구들이 "진짜
야?", "야~축하한다." 하면서 그의 옆 테이블로 모여들기 시작했다. 나
는 그 때를 놓치지 않고 그 친구에게 다시 물었다.

"OO아 정말이지?" 하고 물었더니 그 친구는 얼떨결에 "응." 하고 대
답하는 것이다.

얼떨결에 급소를 찔러 생각할 틈도 없이 묻는 질문엔 보통의 경우 긍
정의 답이 나오게 되어 있다.

그 날 정말 신기하게도 아무 일 없이 다들 기분 좋게 헤어졌다. 그리
고 몇 달 후 그 친구에게서 전화가 왔다.

"영호야. 고맙다. 네가 나를 술주정뱅이가 아니라고 인정해 준 후, 나
정말 술버릇 고쳤다. 그 후로 한 번도 술주정이나 행패를 부린 적이 없
어. 고맙다."

그가 울었다.

한말씀 더

사람은 인정받는 대로 살아진다.
그것은 누구에게나 있는 책임감 같은 것이다.

지금 만나는 사람으로 하여금
존중받고 있다는 느낌을 갖게 하자

'루즈벨트' 대통령은 미국의 역대 대통령 가운데 가장 인기 있는 대통령으로 꼽힌다. 루즈벨트와 이야기를 나눈 사람은 누구나 자신이 루즈벨트 대통령으로부터 존중받았다는 느낌을 가진다고 한다.

대통령 앞이면 소위 쫄거나 굽실거림이 나올 법도 한데 과연 상대방에게 어떻게 대했기에 대통령한테 존중받았다는 느낌이 들었을까?

루즈벨트 대통령이 그런 평가를 얻을 수 있었던 건, 상대방에 대한 남다른 배려에서 비롯되었다고 한다. 대화의 상대가 정해지면 사전에 상대방의 직업부터 시작해 좋아하는 취향, 취미 등을 알아내곤 대화를 할 때 상대방이 관심을 가질 만한 주제로 이야기를 꺼낸다.

상대방이 자기 자신의 이야기를 하지 않고 나에게 대화의 주제를 맞추니, ‘나에게 관심이 이렇게 많구나.’ 하는 생각이 든다고 한다. 그러니 당연히 존중받는 느낌이 들 수밖에 없을 것이다.

사람을 대할 때마다 루즈벨트처럼 할 수는 없겠지만, 적어도 만나는 동안만은 서로에게 충실해야 할 것이다. 만나는 동안 앞사람은 앉혀 두고 다른 사람과 통화하는 데 시간을 보내고, 거기에 간간이 문자 메시지를 주고받고, 주식 체크까지 하느라 바쁜 사람이 있다.

친한 친구라면 쓴소리 한마디라도 하지, 그런 말도 못하는 사이라면 만나는 내내 ‘이 자리에 내가 왜 있지?’ 하는 의문만 들 것이다.

또 자기 이야기만 실컷 하는 사람도 있다. 그런데 문제는 이제 좀 내 이야기를 할라치면 휴대전화를 들었다 놨다 정신이 산만하거나, 눈을 마주치지 않고 딴 데를 쳐다보는 사람도 있다. 이야기를 할 때, 지루한 모습, 관심 없는 얼굴만큼 맥빠지는 것도 없는데 말이다.

사업 때문에 만났든, 차 한 잔을 하기 위해 만났든 간에 만나는 동안 가장 신경 써야 할 사람은 바로 눈앞에 있는 사람이다. 시간이 펑펑 남아도는 사람을 만났어도 그 사람은 이 시간을 위해 자기 시간을 내준 귀한 사람인 것이다.

보험을 하는 친구가 쉽지 않은 발걸음을 하고 어려운 이야기를 꺼낸다면 형편상 보험을 들어 주지는 못해도, 최소한 친구의 이야기에 귀를 기울여줘야 한다.

만약 정말 시간이 없고 친구가 오는 게 귀찮다면, 아예 만남 자체를 거절하는 편이 더 좋을지도 모른다. 거절받았다는 서운함보다 만났지만 하찮은 대우를 받았다는 느낌이 더 비참할 수도 있으니까 말이다.

방송을 하거나 강연을 다닐 때 가장 좋은 사람은, 리액션(reaction) 즉 반응을 해주는 사람이다.

웃기지 않은데 억지로 웃어 주는 것이 아니라, '나는 지금 당신의 이야기를 듣고 있다.'는 느낌을 들게 해주는 것이다.

눈을 반짝이며 듣는 청중 앞에서는 좋은 긴장감을 갖게 되고, 더 열심히 하게 된다. 적절한 호응을 보내 주는 청중 앞에선 소위 없던 애드리브도 생겨나 신나게 떠들게 된다. 목이 아픈 줄도 모르고, 몇 시간을 서 있어도 아프지 않은 무쇠다리로 변신하게 되는 것이다. 칭찬이 고래를 춤추게 했다면, 나에게는 청강자들의 리액션이 강연을 빛나게 한다.

기업체나 단체에서 특강을 할 때 강연이 아주 신나는 경우가 있다. 듣는 이나 화자나 서로의 만족도가 매우 높은 경우를 보면, 대부분 듣는 이가 재미있게 들어 줄 때이다. 대화의 기본은 '잘 들어 주는 것'이라고 하지만, 잘 들어 주는 일이란 참 힘든 일임에는 틀림이 없다. 관심 분야가 같으면 맞장구치며 주거니받거니 하겠지만, 내가 모르는 분야, 특히나 재미도 없는 이야기라면 그야말로 꿀 먹은 벙어리가 되는 것이다.

그렇다고 해서 지루한 표정을 하거나 딴 짓을 한다면 상대방은 더 이상 대화의 의지가 없는 것을 알아차리고, 그 다음의 시간은 어색한 침묵만 흐르게 될 것이다. 조금 지루하더라도 '난 당신의 이야기를 다 듣고 있다.'는 느낌을 갖게 해줘야 한다.

분명 내가 어디서 이야기를 할 때, 누군가도 지루해서 들었던 사람이 있겠구나, 역지사지의 정신을 발휘해 보는 것이다.

내가 필요해 만나거나, 나를 필요로 해서 만나거나, 아니면 시간이 남아돌아 그냥 가볍게 만나거나, 그 어떤 목적으로 누군가를 만나더라도 상대방으로 하여금 존중받는다는, 기분 좋은 느낌을 갖게 해줘야 한다.

자, 이제부터 사람을 만날 때 연속 통화질, 폭풍 카톡질은 절대 삼가고 이 말을 새겨두자.

"가장 소중한 사람은 지금 내 앞에, 나와 함께 있는 사람이다."

나를 위해 기도하는 사람을 만들자

교회 다니는 사람들은 한 번쯤 '중보기도'라는 것을 해본 적이 있을 것이다. 중보기도는 기도의 한 형태인데, 자신을 위한 것이 아니라 다른 사람을 위해 기도하는 것을 말하는 것이다. 대부분 기도라고 하면, "나 잘 되게 해주세요."이지만 중보기도는 남을 위해 간절히 기도하는 것인데, 그 힘이 막강하고 강력하다고 한다.

나는 종교가 무교라서 교회도 가끔 가고, 또 가끔은 가까운 절에 가서 108배도 드리고 오곤 한다. 내가 무교인 이유는 연예인은 종교를 가지면 불편하다는 생각을 한 적이 있기 때문이다. CBS 라디오에서 DJ하자고 섭외가 올 때도 있고, 불교방송에서 라디오 DJ를 하자고 섭외가 와서 둘 다 진행해 본 적이 있다. 그래서 직업 연예인으로서 이런저런 섭외에 응하다 보니 '아~ 종교를 가지면 어느 한 쪽은 포기해야 하는구나.' 하는 생각에 무교를 주장하던, 말도 안 되는 시절도 있었다.

교회를 가면 예배 마지막 즈음 목사님이 성도들에게 이런 말씀을 하신다.

"OOO 자매님, OOO 형제님이 지금 이런 상황에 처해 있다고 합니다. 형제 여러분의 중보기도 부탁합니다."

그러면 성도들은 그들을 위해 일부러 기도를 하거나, 자신들의 기도를 하면서 그 사람을 생각하며 기도를 하는 것이다.

그렇다면 중보기도의 힘이 막강하다고 하면 그 힘은 대체 뭘까?

그것은 바로 '내'가 아닌 '남'을 위하는 마음의 힘이 아닐까 싶다.

곰곰이 생각해 보면 나 역시 "나 잘 되게 해 주세요."는 아주 쉽게 하게 되지만 누구누구가 잘 되라고 기도한 적은 없다. 자고로 기도란 간절한 마음이 나올 때 하게 되는데, 남을 위해 간절해지기란 쉽지 않다. 그런데 그 쉽지 않은 마음을 한 사람도 아닌, 여러 사람의 마음이 모여 간절히 기도한다면 당연히 그 중보기도는 막강할 수밖에 없다는 생각을 해 본다.

짐 캐리가 주연한 영화 〈브루스 올마이티(Bruce Almighty)〉를 보면 이런 장면이 나온다.

창조주로 나온 모건 프리만이 항상 불만에 차있는 브루스, 짐 캐리에게 신의 능력을 주는데 브루스는 그 능력을 오직 자신에게만 쓰기에 급급하다. 그러다 자신의 애인이 떠나자 신의 능력을 발휘해 돌아오게 하려고 애쓰지만 오직 신이 할 수 없는 것이 바로 자유의지(free will)였던 것이다. 자동차 사고로 죽음 직전까지 간 브루스는 신에게 이렇게 호소한다. "나는 아무래도 괜찮다. 그녀가 행복했으면 좋겠다."

알파치노와 키아누 리브스가 주연한 〈데블스 에디버킷(The Devil's Advocate)〉이란 영화에서도 이런 내용이 나온다. 가족은 내팽개치고 오직 자신의 성공을 위해 달리는 변호사가 결국엔 마지막 악마의 제안을 거절하며, 남을 위해 자신이 죽음을 택한다. 그러자 악마인 알파치노가 "이런 바보…. 머저리 같은 놈."을 외치며 뿅~ 사라진다.

이처럼 내가 아닌 남을 위해 마음을 쓰는 건 쉽지가 않다. 쉽지 않은 만큼 그 힘이 클 것이다. 그러면서 드는 생각은 '내가 여기까지 온 것도 나 혼자 잘나서 된 것이 아니겠구나.' 였다. 분명 내가 잘 되기를 기도한 사람이 있었기에 지금의 내가 있는 것이 아닌가?

그 덕분에 이렇게라도 버티고 있는 건 아닐까?

몇 해 전, SBS라디오에서 〈표영호의 여러분 덕분입니다〉라는 프로그램을 진행한 적이 있었는데, 그 프로그램 타이틀도 모두가 다른 사람의 덕분으로 살아가기에 그것에 감사하는 마음을 갖자는 의미에서 지은 제목이었다.

일부러 시간내어 기도하기 힘들다면 '화살기도' 라는 것도 있다. 그 사람이 생각이 날 때마다, 짧게 빠르게 잠깐 화살이 지나가듯 '쉭~, 기도' 하는 것이다.

운전을 하다가 급하게 가는 구급차를 본다면 그 사람의 건강을 위해 기도하고, 승진에 탈락된 동료가 있다면 그 상심한 마음을 위해 기도하고, 사랑을 잃고 아파하는 친구가 있다면 더 멋진 사랑이 찾아오길 바라는 마음으로 기도하는 것, 이런 게 바로 '중보기도' 란 것이다.

　　　　　　　　　　　　Part 3. 조직, 기업의 성장을 위해 통하라

외국의 골프 중계를 보다 보면 선수들의 경기 모습을 지켜보는 갤러리들의 인구가 정말 대단하다. 좋아하는 선수를 홀마다 쫓아다니며 열띤 응원을 보내는데, 골프 선수가 티 박스에 올라가 드라이버를 칠 때면, '굿 샷'을 외치며 선수가 티 샷을 날리면 갤러리들은 하나같이 소리친다. 퍼팅을 할 때도 "겟 더 홀~.", "홀에 들어가라."고 큰 목소리로 응원도 한다.

특히 타이거 우즈가 경기를 할 때면 그 팬들의 목소리는 골프장이 떠나갈 듯하다. 선수들의 실력이 성적을 좌우하는 건 당연하지만 여기에 하나 더, 자신을 좋아하고 한 목소리로 응원하는 팬들의 힘 또한 한몫을 한다고 생각한다.

지금까지 "나만 잘되게 해 주세요." 기도를 했다면 이제 남을 위해 기도하는 법도 배워 보자. 참새처럼 입으로만 끝내는 것이 아니라, 진심으로 그 사람을 위해 기도할 때, 기도의 힘은 더 커지고 막강해질 것이다.

우선 이 글을 읽고 저를 위해 기도 좀 해 주세요.

"표영호야, 제발 좀 잘되라."

"제가 잘 되면, 다 여러분 덕분입니다."

헤헤.

한말씀 더

나 혼자 잘나서, 내 힘으로 이루었다는 생각은 금물이다. 세상은 혼자 살 수 없다. 알게 모르게 누군가의 도움을 받고, 내가 잘 되기를 바라는 마음이 있었기에 가능한 일이다.

$$\boxed{\text{교만형}}$$

내가 아닌 남이 해줄 수 있는
유일한 것은 '존경'이다

모외교관이 음주운전 단속 자리에서 음주 측정을 거부한 채 단속 경찰에게 행패를 부리며 이렇게 외친다.

"이게 어디서…. 너 내가 누군 줄 알아?"

(제발 누군지 좀 알게 운전면허증을 주시죠?)

현 국회의원이 동사무소에 찾아가서는 대뜸 소리를 친다.

"아까 전화 받은 사람이 누구야? 내가 누군 줄 알고 건방지게…."

(대체 어떤 서비스를 원하시는지?)

술집과 노래방 등에서 상습적으로 주인을 협박해 무전취식을 일삼는

　　　　　　　　　　Part 3. 조직, 기업의 성장을 위해 통하라

사람이 외친다.

“야! 너 내가 누군 줄 알아? 나 공수부대 나온 사람이야.”

(술집, 노래방 주인들도 산전수전공중전 다 겪은 다음 차렸거든요.)

폐점 시간이 가까운 백화점 식품 매장. 줄이 제법 길게 서 있는데 손가락에 굵은 알반지를 낀 여자가 삿대질하며 신경질을 내고 있다.

“계산 좀 빨리빨리 하란 말이야. 나같이 바쁜 사람을 세워두고 뭐하는 거야.”

(그렇게 바쁘면…, 어제 오시지 그랬어요?)

상상만 해도 인상 찌푸려지는 상황들을 심심치 않게 뉴스에서 볼 수 있다. 혹은 실제 생활에서 일어나기도 한다. 고위 공직자, 높은 지위, 힘깨나 쓰는 사람들은 도대체 왜 “내가 누군지 알아?” 이 말을 그렇게 좋아하는 것일까? 얼굴 좀 알려진 연예인이 자신을 몰라봐 주면 섭섭한 마음이 드는 그런 심리는 아닐 테고, 얼마나 대단하기에 모든 국민이 자신을 알아봐야 하고, 소위 알아서 기어야 하는 걸까? 좋은 일하고 알아봐 주길 바라면 또 모를까, 누구 알아볼까 무서운, 남세스러운 일에서 왜 누군지 알아봐 주는 것을 원할까? 자기 얼굴에 침 뱉기인데 말이다.

‘해롤드 맥밀란’ 은 1957년부터 1963년까지는 영국수상을 지낸 인물이다.

영국 수상직에서 물러난 지 얼마 되지 않아 있었던 일화이다.

런던 전철역에서 전차를 기다리면서 신문을 읽고 있었다. 신문 읽는데 너무 집중한 나머지 전차가 들어오는 줄도 몰랐다. 옆에 있던 한 소년이 전차가 들어온다는 사실을 알려주었다. 서로의 이름을 주고받다가 소년은 말한다.

"수상이셨는데 어째서 전차를 타려고 줄을 기다리세요?"

그러자 맥밀란은 이렇게 말한다.

"얼마 전까지는 영국의 수상이었지만 지금은 그저 평범한 시민이니까."

"그래도 국민들이 존경하는 높은 분이잖아요?"

그러자 맥밀란은 또 이렇게 말한다.

"아무리 수상이라도 그 자리에서 물러나면, 보통 시민과 똑같게 된단다. 수상은 나랏일 때문에 바쁘니까 전용차를 타고 다니지만, 나는 이제 급한 일이 없으니까."

맥밀란의 일화를 듣고 좀 뜨끔한 높으신 분들이 많았으면 좋겠는데, 뭐 그런 양심이 있었다면 평소 "내가 누군데!"를 외치진 않았겠지?

권력을 마음껏 휘두르고, 높은 지위를 이용해 사리사욕을 채웠던 사람들은 그 자리에 물러나고 나서도 그 혜택, 그 힘을 그대로 누리려고 한다. 그래서 그토록 소원했던 전 국민이 다 알아보는 망신살의 주인공이 되기도 한다.

추사 김정희의 명언 중, '욕존선겸 과난성상(慾尊先謙 過難成祥)'이 있다. 남에게 존경을 받으려면 먼저 겸손해야 하고, 온갖 어려움을 거쳐서야 좋은 일이 이루어진다는 말씀을 담고 있는데, 절로 고개가 끄떡여지지 않는가?

나를 존경하는 것은 절대 내가 스스로 할 수 없는 일이다. 하루아침에 이뤄지지도 않는다. 그렇기에 한 사람이라도, 진심을 다해 나를 존경하는 사람이 있다면 어쩌면 성공한 삶에 속할 것이다.

어디 가서 대접받으려면 큰소리치지 말라. 나보다 아랫사람, 힘없는 사람, 나보다 부족한 사람에게 베풀어서 받는 대접이야말로 진짜 대접인 것이다.

내가 아는 선배 중에는 어디를 가나 항상 VIP대접을 받는 분이 있다.

돈이 많아서 일까? 돈을 잘 써서 일까? 아니다.

식당에 가거나, 주차를 하거나, 종업원에게 막말하거나 화를 내거나, 짜증을 내는 일이 없다.

한번은 식당 종업원이 서빙을 하다가 미끄러지는 바람에 그에게 간장 국물을 엎었다. 식당 사장은 나와서 연신 미안하다며 사과를 했고, 그분은 괜찮다며 이렇게 이야기한다.

"집에 들어가면 마누라가 저녁 뭐 먹었는지 물어보는데 오늘은 물어보는 수고를 안 해도 되니까 더 잘 됐습니다. 허허."

종업원의 입장에서 보면 이 얼마나 존경스러운 일인가? 그러니까 가는 곳마다 종업원들에게 VIP대접을 받는 것이다.

존경을 받으려면 먼저 겸손해야 한다는 '욕존선겸 과난성상'.

발음만큼이나 실천하기 참 어렵지만 하루하루 노력하다 보면 어느새 얼추 비슷하게 닮아가지 않겠는가?

앞으로 높으신 분들, 제발 좀 남한테 "내가 누군지 아냐?"고 물어보지 마세요.

이미 가수 김국환 씨가 말하지 않았습니까?

"네가 나를 모르는데 난들 너를 알겠느냐?"고.

반사된 영광을 누리지 말자

모처럼 일찍 자려고 누웠는데 전화벨이 울린다. 발신표시를 보니 오랜 만에 보는 친구의 이름이다. 반가움과 함께 늦은 시간이라 무슨 일이 있나, 걱정스런 목소리로 받는다.

전화기너머 들려오는 취한 목소리.

"영호야~, 난데. 끅~. 내가 너랑 친하다고 하니까 사람들이 안 믿는다. 내 친구랑 통화 좀 해 봐라."

내가 뭐라고 말할 틈도 주지 않고 전화를 바꿔준다.

생전 알지도 못하는 사람과 무슨 이야기를 하라는 건가. 사귀는 연인도 아니고 오밤중에 무슨 얘기를 속삭이라는 건지….

전화를 받아든 사람은 내가 표영호라는 것을 확인하고는 평소 팬이라는 인사를 건넨다. 난 감사할 따름이라며 인사를 받는다. 요즘 왜 TV에 나오지 않느냐고 묻는다. 나도 나가고 싶다고, 나가게 해달라고 말하니 웃기다고 웃는다. 그리고는 내 친구와 자기가 어떤 사이인지, 얼마큼 친한지, 언제 시간되면 함께 술 한잔하자고 한다. 알았다고 했다.

전화기너머 들려오는 친구의 목소리!

"거봐. 내가 친하다고 했지?"

잘 모르는 사람들과 술자리를 갖게 될 때가 있다. 여차저차해서 짬뽕으로 합석하게 된 자리다. 그 중에는 내가 나름 연예인이라고 궁금한 게 많은 사람이 있다.

"표영호 씨는 누구랑 친해요?"

당연히 내 고향친구를 알고 싶어하는 건 아닐 테고, 연예인 누구랑 친하냐고 묻는 것이다.

TV에는 자주 나오진 않지만 내가 정말 친한 사람을 얘기하면 시큰둥하다가, 자기가 알 만한 유명한 이름, 자기가 좋아하는 연예인 이름이 나오면 얼굴에 화색을 띠며 "정말요? 정말요?"하며 호들갑을 떤다.

거기에서 끝나면 그나마 다행이다. 전화 한 번 해보라는 요구를 할 때도 있다. 내 말을 못 믿는 것도 아닐 텐데 말이다. 내가 뭐 대단한 사람도 아니고, 잘나가는 스타도 아닌데도 단순히 연예인이라는 이유로 겪는 일인 것이다. 나름 연예인이라고 불편함을 겪는 것이다.

종종 신문, 뉴스에는 이런 기사가 난다.

'대통령 친척을 가장해 사기'

'국정원 소속으로 속여 사기'

'재벌 딸 신분으로 위장해 금품갈취'

속이는 사람이 잘못한 걸까, 속는 사람이 바보일까?

심리학 용어 중 이런 게 있다.

'반사된 영광 누리기(basking in reflected glory)'

주위에 성공한 사람, 권력을 가진 사람, 인기가 많거나 매력적인 사람과의 연결고리를 공개함으로써 자신의 이미지를 높이는 심리라고 한다.

'내가 아는 사람 중에 ○○○이 있는데 말이지.'

'○○○? 아우~, 나 걔랑 아주 친하지.'

'말만 해. 내 주위에 그쪽으로 잘 아는 사람 많아.'

'내 전화 한 통이면 다 해결 돼.'

허풍을 좀 더 보태면 오바마 대통령까지 지인으로 삼을 기세다. 물론, 살다보면 권력의 힘, 지위의 힘, 재력의 힘이 필요할 때가 있다. 그 힘이 어려운 사람에게 도움이 된다면 더할 나위 없이 좋지만 문제는 늘 그 힘을 자기 과시나, 어려운 사람들 등치는 데 사용한다는 것이다.

내 주위에 있는 잘난 사람을 자랑하고 싶은 심리는 얼마든지 있다. 백그라운드 좋은 사람을 보면 그 사람도 덩달아 이미지가 올라가기도 하니 말이다. 아주 예쁜 여자와 친하게 지내는 남자를 보면 괜히 부러워지는 것도 없지 않고, 돈 많고 잘생긴 남자와 친하게 지내는 여자를 보면 여자들끼리도 시샘하는 법이다.

자존심 고양의 효과(self-esteem enhancing effect)는, 유명하고 똑똑하고 힘 있는 사람이 내 주변에 많으면 내 자존심이 올라간다고 생각하는 심리적 상태이다. 실제로 이미지 관리 전략 중 잘난 지인을 이용하는 방법도 있다.

하지만 그래봤자 어디까지나 효과일 뿐이다. 내 친구가 사장이라고

   Part 3. 조직, 기업의 성장을 위해 통하라

내가 사장이 될 수 없다. 잘난 사람 옆에 있어도 못난 사람은 못난 사람일 뿐이다. 정말 훌륭한 인맥을 가진 사람은 입으로 떠들지 않는다. 인맥을 자랑하며 그 효과를 얻으려 하지 않는다. 본인이 잘나지 않고서는 올라갈 수가 없다.

누구누구와 친하다 자랑하기보다는
나를 아는 사람이 나를 자랑하게끔 만들자.
주위 사람들이 나를 아는 것을 자랑스럽게 만들자.
다른 사람의 반사된 영광을 누리려 하기보다 다른 사람들이
나와 함께하고 싶은 사람이 되려고 노력해야 한다.

눈높이를 맞추면
마음의 거리가 줄어든다

사람들은 갈수록 세상이 흉흉하다고들 한다. 그 가운데는 청소년 문제로 인한 험악한 뉴스가 한몫을 한다. 요즘은 십대도 그냥 십대가 아닌, 어른들도 기피하는 무서운 존재가 되었다.

뭐, 나의 십대에도 제임스딘처럼 반항의 아이콘이었지만 지금처럼 그랬을까? 지금 어른들이 느끼는 것만큼 그 시절에도 그랬을까 돌아보게 된다. 그때도 당연히 불량 청소년은 있었고, 문제아는 존재했다. 하지만 청소년들의 잘못을 보고 혼내는 어르신도 계셨고, 그런 어른을 무서워하는 시늉이라고 했던 것 같은데…. 요즘은 뭐가 잘못되었을까?

혼내는 어른이 없기에 무서운 줄 모르는 십대가 됐을까?

아니면 무서운 십대이기에 혼내기를 꺼려하는 어른이 됐을까?

뭐가 먼저인지는 모르겠지만 분명 잘못 돌아가는 것 같다.

요즘은 자녀를 한 둘만 낳고 키우기에 부모의 자식 사랑이 유별나다. 애들은 싸우면서 큰다는 말은 이미 옛말이 되어 아이가 어디서 맞기라도 하면, 상대가 친구든 선생님이든 가리지 않고 난리 그런 난리가 없다. 식당에서 위험하게 뛰어노는 아이에게 주의를 주면, 남의 자식 왜 기를 죽이냐며 그 부모가 오히려 난리여서 지적을 한 어른이 도리어 기가 죽을 정도이다. 한마디로 제 자식만 세상에서 가장 귀한 존재가 된 세상인 것이다.

그걸 보고 자란 아이는 당연히 자기가 최고인 줄 알 것이고, 누군가의 지적에 분을 참지 못하고, 자신을 인정해 주지 않으면 견딜 수 없는 그야말로 '천상천하유아독존' 으로 성장하게 된다.

선생님이 훈계나 훈육을 할라치면 휴대전화를 꺼내 동영상을 촬영하겠다고 협박을 한다는 학생도 있다. 길을 가다가 단지 눈이 마주쳤다고, 그게 기분 나쁘다고 집단 폭행을 하는 청소년에 대한 뉴스도 종종 접하게 된다. 담배를 피우는 학생에게 지적을 하는 어른은 이미 찾기 힘들어졌다.

'내가 청소년 때에도 그런 일들이 있었나?'

나 어릴 적 동네 형들이 삼삼오오 모여서 담배를 피우다가 저쪽 멀리서 어른이 다가오면, 숨어서 피우는 것이 나름 예의(?)였던 시절이라 믿어지지 않는 소식들이 끊임없이 들려온다. 과연 방법은 없을까?

예전에 누가 해준 이야기가 기억이 난다.

매일 술을 마시는 친구가 고등학생 몇 명을 앞에 두고 이런 충고를 했다고 한다.

"청소년은 나처럼 이렇게 술을 많이 마시면 안 되는 거야."

그러자 한 청소년이 조심스레 한마디 하더란다.

"어른들도 아저씨처럼 마시면 안 될 것 같은데요?"

누구 하나 기분 나쁘지 않는, 센스 넘치는 대화가 아닐 수 없다.

자녀에게, 혹은 나보다 어린 친구에게 이런 말을 자주 쓴다.

"우리 때는 말이야…. (주절주절)."

"내가 너 정도 환경만 됐으면 아무 걱정이 없었겠다. (고생담 늘어놓기)."

내 학창시절을 돌이켜 생각해 봐도 이런 말은 참 듣기 싫었다. 도움이 되기는커녕 "그래서 뭐요?" 반항만 불러일으키는 말이었다.

세대차이가 나는, 나보다 어린 친구에게 충고를 할 때는 먼저 시대가 바뀐 것을 인지해야 하고, 환경도 달라졌다는 걸 인정해야만 한다.

"열라, 졸라, 짱나."

이런 말을 달고 사는 학생의 모습은 보기에 좋지는 않지만 "이것들이 어디서 욕질이야?" 소리지르기 전에 먼저 그 또래들의 언어습관이 어떤 지 파악해야 한다.

(요즘은 열라, 졸라가 욕이 아닌 일상어라고 한다.)

그때는 무조건 바른말을 쓰라고 하는 대신 이렇게 말해 보자.

"욕이 아닌 건 알지만, 그 소리가 나는 싫은데 내 앞에서만큼은 쓰지 않으면 어떨까?"

권유형 내지는 청유형 화법으로 말하는 것이다.

게임에만 몰두하는 자녀가 있다면 자신의 경험담을 털어놓는 것도 좋은 방법이다.

"엄마도 컴퓨터게임 '맞고'가 재밌단다. 나도 식구들 밥때가 됐든 말든 맞고만 치면 원이 없겠지만 어쩌겠니. 주부의 본분을 지켜야 하잖니? 난 엄마고 넌 학생이다."

회사에서 말을 지지리도 안 듣는 후배 직원이 있다면, 그가 싫어하는 상사가 누군지를 알아내서 같이 흉을 보는 것이다. 그 상사를 왜 싫은지

이유를 들다 보면 왜 자신의 말도 그토록 안 듣는지도 저절로 알 수 있을 것이다.

욱하는 마음과 말보다 주먹이 먼저 나가는 속 뒤집히는 상황일수록 더 큰 인내심을 발휘해야 한다. 뻔히 혼날 상황인데 꾸지람 대신 "그럴 수도 있지."란 한마디가 상대에게 더 큰 뉘우침을 주고, "우리 때는 말이다…."라는 말 대신 "너희들도 참 힘들겠다."와 같은 마음, 같은 편이 되어준다면 세대 간의 차이는 크게 줄어들 것이다.

나보다 어린 사람과의 대화는 정말 중요하다.

내가 더 많은 경험을 했다, 나이가 많다는 생각을 버리고, 상대방의 눈높이에 맞춰 교감을 한다면 좁힐 수 없는 거리가 없을 만큼 가까워질 것이다.

한말씀 더

요즘 청소년들이 쓰는 용어로 청소년과 친해지는 간단한 비결이 있다. 앞 글자에 '개'를 붙이면 된다.

- 잘생긴 아이를 보면 '개 잘생김'
- 밥이 맛있을 땐 '개 밥 맛있어'
- 무서운 사람을 지칭하는 '개 무서움'

뭐 이런 식으로 단어 앞에 '개'를 붙이면 아이들이 엄청 좋아한다. 대신 말투가 귀여워야 한다는 것 기억하기(개 귀여워야 합니다. ㅋㅋ.)

주는 것 없이 미운 사람은, 또 다른 나

혹시 주는 것 없이 미운 사람이 있는가?

나도 이런 경험을 했었는데, 이게 참 사람 환장하게 만드는 일이다.

분명 저 사람이 밉고, 얼굴을 보면 스트레스 받아 미치겠는데, 누구한테 하소연도 못한다.

"왜?"

딱히 그 사람이 나한테 잘못한 게 없으니까….

스스로 생각해도 참 쪼잔한 것 같고, 한심하고, 밴댕이 소갈딱지가 친구하자고 덤빌 것 같은 심정이지만, 분명한 건 그 사람이 밉고 싫다는 것이다.

대놓고 미운 짓을 하면 그 이유 때문에 "내가 이러는 것이다."라고 합리화라도 하지, 나한테 크게 잘못한 것도 없으니 미치고 환장할 노릇이다.

어느 통계 자료에 따르면, 우리 인간은 일생을 살아가면서 약 3만 여 명과 인연을 맺고 헤어진단다. 3만 여 명과의 인연 중에는 어릴 적 죽마고우부터 마음 잘맞는 사회친구, 부모형제 같은 질긴 인연이 있는가 하면, 명함만 주고받는 것이 전부인 사람이 있을 수 있고, 밥 한 번, 술 한 잔에 끝나는 인연도 있을 것이다.

사돈의 팔촌 이웃에서부터 내가 아는 사람의 아는 사람 선배에 후배의 친구 형이 되는 아주 복잡 미묘하게 건너건너 맺은 인연까지 다양할 것이다.

그렇다면 수많은 인연 중에 주는 것 없이 미운 사람은 대체 뭘까?

안 보고 살면 되지만 인연을 끊기는 딱히 뭐하고, 보면 이유 없이 짜증나고.

그러다가 누군가에게 우연히 이런 말을 들었다.

"주는 것 없이 미운 사람이 있다면, 그는 당신과 '달라서'가 아니라 사실은 '너무나도 닮아서' 미운 경우가 대부분이라는 것이 불편한 진실이다."

100% 동조하고 이해하지는 못했지만, 이 말을 들으니 뭔가 가닥이 잡히는 듯했다. '어쩌면 주는 것 없이 미운 사람은 그 사람의 행동 가운데 내가 싫어하는 나의 어떤 면을 보았기 때문일 수도 있겠구나….'

그러고 나니 주는 것 없이 미웠던 마음이 조금씩 옅어지게 되었다. 그러다 또다시 이유 없이 미운 마음이 고개를 들 때면, '아, 저것은 바로 내 모습이다.' 하고 마음을 달리 먹으니 오히려 챙겨 주게 되었다.

사람은 누구나 자기와 비슷한 사람을 좋아하는 속성을 가지고 있다고 한다. 초록은 동색이라고 비슷한 태도나 취향을 갖고 있는 사람은 쉽게 친해지는 경향이 있고, 상대방의 행동을 쉽게 예측할 수 있어 친해지는 시간이 단축되는 것이다.

한편, 나와 다른 면이 많은 사람은 상대방이 좋아하는 것을 알아가야 하기 때문에 시간이 더 걸리게 되고, 거기에서 오는 스트레스가 있을 수 있다고 한다.

전문용어로 '반감가설(repulsion hypotheses)의 정의'라고 하는데, 닭이나 원숭이, 고양이 등 자기와 종이 다른 객체가 나타나면 격렬하게 배척하게 되는 이치라고 한다.

'좋아한다', '싫어한다'의 표현도 다르니 더 오해가 생기고 싸울 수밖에 없는 것이고, 주는 것 없이 미운 사람 말고 아예 대놓고 미워했던 사람도 어쩌면 나와 취향이 달라서이고, 서로 표현 방법에 차이가 있었던 것이구나를 생각하면 죽도록 미워하는 마음까지는 가지 않을 것이다.

또, 이유 없이 주는 것 없이 미운 사람이 생기더라도 '내가 싫어하는 내 모습이구나.', '닮은 나를 보는구나.' 라고 생각해 불쌍하고 어여삐 여긴다면 쓸데없는 스트레스쯤은 줄일 수 있다.

참고로, 친한 친구 녀석은 나를 만날 때마다 '자기는 OOO 연예인이 너무 싫다, 그 사람 좀 TV에 나오지 않게 할 수는 없냐?'고 한다.

내가 "야. 내가 누구를 나오지 못하게 하는 능력이 있었으면 내가 이러고 있겠냐? 근데 넌 그 사람이 왜 싫은데? 얼굴 한 번 본 적도 없으면서." 하고 물으니까.

"툭하면 소리 지르는 게 너무 싫다. 웃긴답시고 윽박지르는 것도 아주

꼴보기 싫다. TV에 OOO만 나오면 바로 채널 돌려 버리잖아. 아~,
OOO은 주는 것 없이 미워 죽겠다.”

그 말을 듣고 한참을 웃었다. 툭하면 소리 지르는 게 싫고, 웃긴답시
고 윽박지르는 것도 꼴보기 싫다는 그 친구. 친구들끼리 모이면 그 친구
가 ‘딱~’ 그 모습인 것이다.

시집간 딸이 친정아버지를 참 미워한다. 젊었을 때 바람을 많이 피워
서 엄마 맘고생을 많이 시켰기 때문이라고 하면서 아버지가 너무 밉다는
것이다.

그런데 이상하게도 그런 본인도 밖에서 애인을 여럿 두고 시간날 때
마다 데이트하는 것을 보았다. 가정주부로서의 일과 엄마로서의 역할,
그리고 일을 하면서 오는 스트레스를 그런 식으로 푸는 듯 참 많은 남자
와 만나고 연애를 하고 있는 모습을 보았다. 좀 아이러니했지만 세상은
내가 그어 놓은 기준과 많이 다를 수도 있는 것이려니 이해를 했다.

그래서 그 여자 분에게 “친정아버지를 미워하면서 닮아가는 것 아니
냐?”고 물었더니 자신도 감지했는지 허탈하게 그냥 웃어넘겼다. ‘너무
닮아서’ 미워한다는 그 말이 조금은 이해하게 되었다.

아는 후배가 직장에서 어떤 선배라는 사람이 자기를 엄청 미워한다고
투덜대는 것을 보았다. 싫어하는 이유를 들어 보니까, 뺀질거리는 것이
싫다고 했다며 그 선배가 사실은 더 뺀질거린다는 얘기도 덧붙이며 열을
올리는 것을 봤다. 이 문제 역시 아마도 그 선배가 이 후배랑 너무 닮았기
때문이 아닐까 하는 생각이 들었다.

기억해야겠다.

주는 것 없이 미운 사람은 또 다른 나의 숨겨진

모습일 수 있다는 것을….

소통으로 성공을 디자인하라

가끔.

갑(甲)질을 하는 사람을 봅니다.

바보.

자기도 알고 보면

을(乙)일 텐데….

− 갑질하고 자빠졌네 −

마음이 열리면 지갑도
열립니다.
지갑을 열게 하는 일보다
마음을 열게 하는 것이
먼저입니다.

- OO과의 관계에서 -

소통으로 성공을 디자인하라

연락 없던 지인에게 문자가 옵니다.

당신을 애니팡의 세계로 초대합니다.

함께 달려요. 런. 런. 쿠키런.

딱 걸렸습니다.

돈 빌려간 후 그토록 연락이 없더니….

- 일 좀 해 -

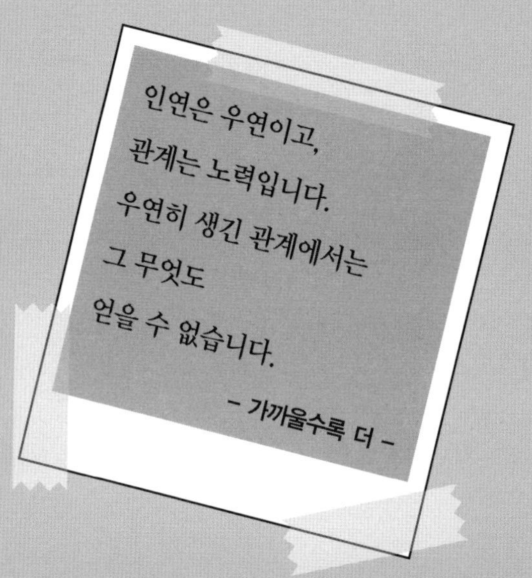

인연은 우연이고,
관계는 노력입니다.
우연히 생긴 관계에서는
그 무엇도
얻을 수 없습니다.

- 가까울수록 더 -

차가 신호등에 맞춰서 서 있습니다.

신호가 바뀌길 기다리고 있을 때 옆 라인에 있던 차가

빼꼼히 앞머리를 밀어 넣어 양보를 요구합니다.

서로 양보하지 않으려고 합니다.

서로 창문을 열고 욕을 하고 그럽니다.

그 뒤로 차가 많이 밀립니다.

뭐하는 걸까요?

– 하자 인생들입니다 –

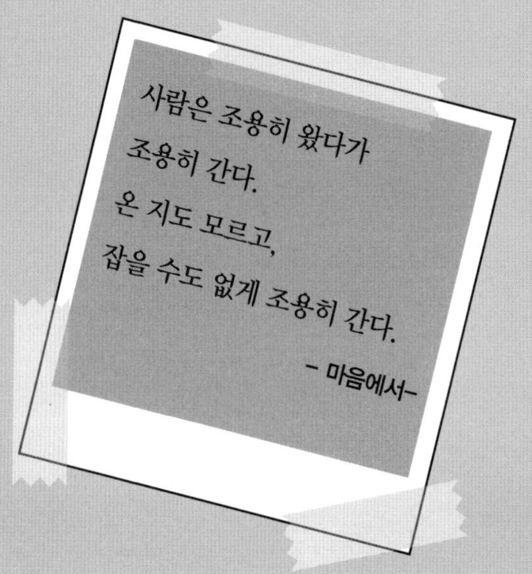
사람은 조용히 왔다가
조용히 간다.
온 지도 모르고,
잡을 수도 없게 조용히 간다.
- 마음에서-

Part 04 세상과 통하라

철저하게 세상을 내 편으로 만드는 소통법

세상이 준 특별한 선물들이 많다. 이 선물들의 가치를 알고 사는 것은 살아가는 우리들의 몫이다. 함께 살아간다는 것은 함께 해결해야 할 숙제가 많다는 뜻이기도 하다.

서로의 다름이 틀림이 아닌 것도 알아야 하고, 앉아야 할 자리와 일어설 자리를 구분해야 하기도 하다. 또한, 좋은 사람과 나쁜 사람을 구별할 줄 아는 분별력도 필요하다.

좋은 사람을 만나려면 우선 내가 좋은 사람이 되어야 한다. 가치 있는 사람은 가치 있는 사람을 알아본다. 비울 줄도 알아야 한다. 사랑을 받을 줄도 알고, 사랑을 줄 줄도 알아야 한다.

아직도 세상에 목마른 것이 있다면 안 해도 될 일만 내일로 미뤄라!

일괄되고 절실한 소통은 당신의 꿈을 이루어지게 할 것이다.

이것이 'One more thing' 이다

소통으로 성공을 디자인하라

'원 모어 씽(One more thing)'은 스티브 잡스가 자주 쓰던 말로 각종 프레젠테이션이 끝날 무렵에 그의 뛰어난 쇼맨십을 제대로 표현한 문장이기도 하다. 또한 '부가가치'가 한층 더 중요해지고 있는 기업의 현실을 제대로 표현한 문장이라고 본다.

얼마 전, 한 온라인 커뮤니티 게시판에 '영양사의 명언'이라는 제목의 게시물이 올라왔다. 공개된 사진에는 '손님이 짜다면 짜다'라는 영양사의 단호한 한마디가 담겨 있었다.

어느 식당엘 가서 "아주머니 너무 짠데요…." 하면 "안 짠데?"라고 하는 곳이 있다. 손님의 입장에서 보면 짜증나는 답변이다. 아무리 바빠도

“어머 그래요? 다시 해드릴게요.” 한다면 맛보다 손님의 마음을 얻는 것이어서 그 가게는 번성할 수 있다.

대개 식당에 가면 자기 음식에 자존심이 걸려 있다 하여 주방의 고집이 세다. 잘 되는 식당과 안 되는 식당의 차이다.

나는 식당을 운영해서 몇 번 망해 본 기억이 있다. 식당의 성공과 실패를 ‘무엇이 좌우할까?’에 대한 질문을 나 자신에게 자주 물어보았다. 식당을 차릴 때 목도 중요하고 맛도 중요하다. 그러나 가장 중요한 것은 “누가 하느냐?”라고 믿는다.

실패한 사람들의 대부분은 목이 안 좋아서 망했다느니 주방장이 말을 듣지 않아서 망했다느니 하는 얘기를 많이 한다. 그러나 몇 번 망해 본 나는 그런 말을 하지도 믿지도 않는다. 망했다면 그것은 무조건 내가 잘못해서 망한 것이다. 이 논리는 식당뿐만 아니라 모든 일에 해당된다.

탤런트 소유진 씨와 결혼한 프렌차이즈 사업가 백종원 씨는 성공 비결을 이렇게 이야기했다.

“음식점은 음식을 파는 곳이 아니고 분위기를 파는 곳입니다.”

이 말은 SBS 〈힐링캠프〉를 통해 전파를 탔다.

나는 이 방송을 보면서 이런 생각을 했다.

저 사람은 사업가로서 믿을 수 있는 사람이다. 왜냐하면 음식점 하나를 성공시키기 위하여 올인했기 때문이다. 올인하지 않으면 나올 수 없는 의미 있는 스킬을 알려준 것이다. 그런데, 올인했다고 해서 누구나 백종원 씨처럼 성공하지는 못한다. 맛있는 김치찌개를 목 좋은 곳에서 장사한다고 성공한 것이 아니라, 그 행위자가 백종원이라는 사람이기에 가능했던 것이라고 본다. 그래서 음식장사의 성공과 실패는 목이나, 음식의 종류나, 다른 이유가 아닌 누가 어떤 정신을 가지고 하느냐에 달려있다.

음식 장사하는 분들이라면 누구나 가지고 있는 맛과 목은 기본이요, 누구도 따라올 수 없는 나만의 킬러(killer) 콘텐츠인 분위기를 얹은 것이다. 스티브 잡스가 그토록 얘기하던 'one more thing'을 백종원 씨는 이미 실천하고 있기에 그는 성공할 수밖에 없는 유전자를 갖고 있었던 것이다.

스티브 잡스는 "세상에 새로운 것은 없다. 새로운 것은 있는 것에 하나를 더 생각하면 새로운 것이 된다."고 했다. 물론 여기에서 얘기하는 'one more thing'은 있는 것을 모방해서 새로움을 만들라는 뜻은 아니다. 영어에서 'creative'의 어원이 'copy'라고 하는 학자들도 있다지만 모방해서 새로움을 창조하라는 것이 아니라 있는 것에서 한 가지만 더 생각하라는 것이다.

그래서 나는 "손님이 짜다면 짜다."라는 글이 식당 주인에게는 사실상 최고의 글이라고 생각한다. 자신의 잘못을 인정할 줄 아는 것은 남들이 알면서도 잘 못하는 것이다. 남들이 못하는 '인정'이라는 단어 하나만 더 해도 이것이 'one more thing'이다.

'one more thing'은 대단한 무엇이 아니다.

A. 골프를 치러 필드를 나갔다.
　　어느 동반자가 같이 라운드하는 기념 선물이라며 공을 한 박스씩 나눠 준다.

이것이 'one more thing' 이다.

왜냐하면 남들이 하지 않는 배려를 하니까.

B. 굿마이크 아카데미의 수업이 있는 날은 원우들이 바쁜 일정을 끝내고 참가해야 하기에 수업에 늦는 원우들이 꽤 있다.

여기에서도 사소하지만 'one more thing' 이 있다.

아카데미 운영실장인 김시우 실장은 늦게 오시는 원우들의 명단을 체크해서 뒷자리로 배치하는 것은 물론이요, 늦게 도착한 원우들 테이블 위에 작은 케이크를 놓아 준다.

이것은 내가 시킨 일이 아니다.

본인이 자발적으로 그렇게 하면 좋겠다는 생각에서 하는 행동이다.

이런 능동적인 사고가 다른 수동적인 직원들보다는 'one more thing' 인 것이다.

C. 파티나 번개모임에 초대되어 가는 경우가 많다.

이런 곳에 갈 때 싼 와인이라도 한 병 가져가는 센스.

뭐 이런 것이 남들과 다른 'one more thing' 이다.

한말씀 더

스티브 잡스가 생전에 그토록 얘기했던 'one more thing'은 대단한 무엇이 아니다. 우리가 일상생활에서 작은 마음 하나 더한다거나 작은 행동 하나 더한다면 그것이 곧 'one more thing'이 된다고 나는 믿는다.

　　　　　　　　　　　Part 4. 세상과 통하라

차이와 격차의 이해

이런 글 보신 적 있는가?

지인이 보내 준 이 짧은 글의 출처는 알 수 없지만 꽤나 많은 생각을 하게 한다.

사람과 사람 사이에는 아주 작은 차이가 있다. 그러나 이 작은 차이가 엄청난 격차를 만들어낸다. 여기서 작은 차이는 '마음가짐이 적극적인가? 소극적인가?' 이고 엄청난 격차는 '성공하느냐, 실패하느냐' 이다.

착한 것과 맹한 것
관용과 만용
자신감과 당돌함

게으름과 느림

안 되는 놈과 못 되는 놈

핑계와 이유

가끔 헷갈리는 나로서는 차이와 격차를 구분 못할 것만 같았다.

나는 지인에게 답글을 보냈다.

"이것을 고민하는 순간 당신은 이미 성공한 사람입니다."

한말씀 더

나는 '차이는 인정하라고 있는 데이터이며, 격차는 줄이라고 있는 데이터이다.' 라고 생각한다. 고민하거나 고민은 하지 않더라도 생각을 한다면 이미 많은 차이를 줄이는 작업이 시작된 것이라고 보기 때문이다.

안 하고 죽어도 될 일만
내일로 미뤄라

인터넷을 열어본다.

검색창에 '죽기 전에…'를 입력해 본다.

'죽기 전에 가봐야 할 곳 100군데.'

'죽기 전에 봐야 할 영화 100편.'

'죽기 전에 실천해야 할 100가지 일들.'

'죽기 전에 읽어야 할 책 100권.'

'죽기 전에 봐야 할 그림 100점.'

'죽기 전에 가봐야 할 국내 여행 100곳.'

'죽기 전에 가봐야 할 외국 여행 100곳.'

‘죽기 전에 들어야 할 음악 100곡.’

‘죽기 전에 맛봐야 할 음식 100가지.’

….

‘원~, 죽기 전에 해야 할 일들이 뭐 이리 많은지….’

더 이상 살고 싶지 않아 죽어야겠다고 다짐한 사람이 ‘그래도 이것만은 꼭 하고 죽자.’ 인터넷 검색했다가 그 양에 질려서 절대 못 죽을 것 같기도 하고, 아니면 죽기 전에 해야 할 것들을 다 실천하느라 아주 즐거운 인생을 살 수도 있겠다 싶은 생각도 든다.

아무튼 ‘죽기 전에’라는 비장하고 단호한 말이 붙은 책 제목이 한동안 서점가를 휩쓸었고, 지금도 꾸준히 나온다고 하는데, 왜일까?

장례식장에 가게 되면 가장 많이 드는 생각은 ‘세상 참 덧없다’이다. 애도의 표시를 마치고 나면, 오랜 만에 만난 사람들과 안부를 주고받고, 술잔을 기울이고, 누가 먼저라 할 것 없이 인생무상을 논하고, 건강이 최고다, 인생 뭐 있냐? 행복하게 살자 같은 이야기를 나누고 헤어진다. 저마다 집으로 돌아가는 발거음도 참 무겁고 쓸쓸하기 짝이 없다. 만약 친구나 후배, 동료 같은 가까운 사람의 부음 소식이라면 그 생각은 더 깊어진다. 엄청난 고통과 함께 삶이 부질없다는 생각으로 이어져 한동안 패닉 상태에 빠지기도 한다.

친구의 부모님이나 아는 어르신들의 소식보다 더 크게 충격을 받는 이유는 친분뿐만 아니라 ‘나도 예외가 아니겠구나.’ 하는 생각이 은연중에 들기 때문이다.

그러면서 ‘그래. 인생 참 별거 없다. 행복하고 건강하게 그리고 감사하며 살자.'는 마음을 갖게 된다. '담배도 끊겠다는 결심도 하고, 일도 줄이고, 가족을 챙기자, 가까운 사람에게 자주 연락도 좀 하고 자주 만나면서 살자.' 등등 많은 다짐을 하게 된다.

그런데 문제는 이 마음이 얼마 못 간다는 것이다. 장례식장에서 다짐했던 마음은 일상에 묻히고, 시간에 흐려지고, 의지박약에 기억력 감퇴로 언제 그랬냐는 듯 다시 예전의 모습으로 돌아오곤 한다.

그러다 또 지인 장례식에 가서 그때 만났던 사람과 다시 만나 했던 얘기 또 하고, 다짐했던 것 또 다짐하고…. 이렇게 기억력 3초의 붕어 짓만 되풀이하게 된다.

건강을 잃고 나서야 건강의 소중함을 아는 것처럼 죽기 직전이 되어봐야 정신을 차리는 걸까?

몇 년 전, '유서쓰기' 바람이 유행처럼 번졌던 적이 있다.

처음에는 '유서'라는 단어가 주는 느낌이 뭔가 꺼림칙하다고 여겼던 사람들이 유서를 쓰는 동안 자신의 삶을 돌아보고, 반성하고, 참 많이도 잘 못 살았구나 싶어 펑펑 눈물을 쏟는다고 한다. 산악인 엄홍길 대장의 유서도 화제가 됐는데, 아버지의 마음과 남편의 마음 그리고 그토록 산을 사랑하는 마음이 담겨 있어 숙연하게 만들었다.

자, 그럼 유서를 쓰는 마음으로 죽기 전에 내가 진짜 하고 싶은 일들을 적어 보는 건 어떨까? 나만의 '죽기 전에 꼭 하고 싶은 목록'을 만들어 보는 거다.

'적으면 뭐하나~, 먹고살기도 바빠 죽겠는데.' 하는 마음이 든다면 적어도 내가 뭘 좋아하는 사람인지, 내가 정말 하고 싶었던 것은 무엇이었는지, 잊고 있었던, 잠자고 있었던 꿈이라도 깨워 보는 것이다.

당장 로또 당첨을 꿈꾸는 것도 좋지만, 내일 당장 죽는다면 난 뭐가 제일 억울할까? 뭘 못해 본 게 애통할까? 어떤 말을 못한 게 한이 될까?

그 마음을 하나씩하나씩 적다 보면 그 중 몇 가지는 이룰 수 있을 것이다. 이루지 못한 것들은 알짱알짱거리며 근처라도 가 있을 게 분명하다.

"죽기 직전, 못 먹은 밥이 생각나겠나? 못 이룬 꿈이 생각나겠나?"라는 질문을 받고 나오는 대답은 다 같을 것이다.

파블로 피카소 어르신도 말씀하셨다. "안 하고 죽어도 될 일만 내일로 미루라."고….

세상일 어떻게 될지 모르는데, '내일 일은 난 몰라요' 인데, 그렇다면 안 하고 죽으면 억울한 일들은 미뤄서는 안 되겠지?

무엇보다 내가 뭘 원하는지를 알고, 그것을 잊지 않는 것이 중요하다.

무엇을 안 하고 죽으면 억울할까?

잠시 고민….

한말씀 더

잠은 자는 것이고, 꿈은 꾸는 것이다.
꿈이 없다면 꾸고, 자고 있다면 깨우라.

자기주장도 가려서 하자

내가 아는 선배 중에 '부처님 반 토막' 이라는 별명을 가진 분이 있다.

별명에서 말해 주듯 온순한 성격에 오랜 시간 동안 다른 사람들과 다툼 한 번 없이 늘 인자한 성품과 일관된 모습을 보여 주는 선배다.

언젠가 같이 차를 타고 가다가 긴가민가한 이야기가 나왔다.

어떤 사건의 주인공이 누구냐 하는 건데, 나는 A라는 사람이라 했고, 선배는 B라고 했다.

"아니야. A가 확실해."

"그래? 나는 B가 맞는 거 같은데…."

나는 확신에 차서 외쳤다.

"형, 아니라니까. A라니까. 틀림없이 A야 A."

그러자 선배는, "그래? 네 말대로 A가 맞나 보지…."라고 하였다.

목소리 높여 주장한 내가 무색할 만큼 선배는 아무렇지 않게 인정해 버렸다. 나중에 확인해 본 결과, 선배의 말대로 B가 맞았고 틀린 건 나였다. 그 결과를 아는 선배는 그 일에 대한 어떤 코멘트도 없었다.

만약 나 같았으면 "거봐. 내 말이 맞지? 그렇게 우기시더니만. 내가 맞았고 형이 틀렸어." 아주 의기양양했을 것이다.

선배는 나 말고도 누구와도 언쟁을 높이는 법이 없다. 언쟁이 일어난다 싶으면 상대의 말을 인정해 버리기 때문에 분란이 일어날래야 일어날 수가 없다.

언젠가 그런 선배에게 의아해 물었다.

"형은 왜 평소에 자기주장을 안 해? 나 같으면, 내가 맞다고 생각하면 박박 우길 텐데."

그러자 선배가 말한다.

"우겨서 뭐하겠냐? 따지면 뭘 얻는데? 난 대세에 지장이 없는 건 쓸데없이 감정 소모전 안 해."

그랬다. 선배는 상대가 옳아서라기보다 쓸데없는 감정 소모를 하기 싫어 피한 것이었다. 그러다 상대가 맞으면 맞는 거고, 틀렸으면 상대가 제대로 알면 되는 그뿐이었던 것이다.

반면에 선배와는 정반대인 사람이 있다.

곧 죽어도 자기가 옳다고 밀어붙이는 사람이다.

아주 소소한 이야기를 하다 긴가민가한 이야기가 나오면 자기 말이 맞는다고 눈에 쌍심지를 켜고 덤비기 일쑤다. 별 것 아닌 이야기가 세계 평화를 위협하는 심각한 문제로 발전하게 된다.

자기 말이 맞는다고 밀어붙이면 그 기세에 눌려 진짜 맞나 보다 싶을 때가 있다.

A, B, AB, O형 말고 또 다른 혈액형이 있다면 그 사람은 아마도 '불도저형'일 것이다. 이렇게 의견 충돌이 일어나면 곧 죽어도 자기 생각이 맞고, 자신의 생각을 굽히지 않고 끝까지 우기는 사람이 있다. 소싯적에 웅변학원을 다녔는지 "이 연사로~" 시작해 "힘차게 외칩니다."까지 주야장천 자기주장만 펼친다.

"그게 아니고 말이지….” 하고 상대방이 자기 말에 반론을 제기하면, 뭘 모르는 소리하고 있다며 개 풀 뜯어 먹는 소리로도 여기지 않고, 어쩌다 상대가 양보를 해서 중립이나 타협안을 말해 줘도 성에 차지 않아 한다.

그가 원하는 건 오직 하나다.

"그래 너의 말이 맞다.”

"네가 전부 옳다.”

인정하는 것이다.

전문 용어로는 "그래 너 팔뚝 굵다.”이다.

어느 중견 탤런트가 이런 말을 했다.

"후배들과 세대 차이는 당연히 느낀다. 대화를 하다 보면 내 마음에 들지 않을 때가 많다. 하지만 내가 하지 않는 말이 있다. '너는 왜 그러니?' 라는 말이다. 대신에 나는 이렇게 말한다. '너는 그렇구나? 나는 이런데….' 먼저 상대를 인정한 다음 내 의견을 말하면 상대도 반감 없이 받아들인다.”

때에 따라서 자기주장은 필요하다. 자기가 원하는 것, 생각하는 것, 소신을 말할 줄 아는 것은 중요하다. 하지만 대화는 일방통행이 아니다. 일방통행하면 대화가 아니라 주장이나 강요가 된다. 대화는 너의 말과 나의 말이 오가는 쌍방통행인 것이다.

'나와 다른 의견 따위는 개나 줘 버려.' 하는 마음이 깔려 있는 상태에서의 자기주장은 상대방을 불편하게 만든다. 의견은 수학문제가 아니다. 푸는 공식이 있는 것도 아니고, 정답이 있는 것도 아니다. 결론 내지는 답을 얻는 것이 중요한 것이라기보다 풀어가는 과정이 중요한 것이다.

혹시 곰탕을 곰으로 만들고, 갈매기살을 끼룩끼룩 날아다니는 갈매기 고기라 박박 우기는 사람이 있다면 그냥 믿게 놔두자. 소모적인 자기주장을 하지 말자.

대세에 지장이 없는 일에 쓸데없이 감정 소모를 하지 말아야 한다. 쉽게 얘기해서 대세에 지장이 없는 것을 가지고 언쟁하지 말라는 것이다.

나는 이것을 소통의 기본이라 본다.

한말씀 더

언젠가 스포츠 복권 광고 중에 봤던 아주 멋진 카피를 기억해 본다.
"자기주장보다 남의 주장을 잘 들어야 좋은 주장(captain)이다."

맛집 같은 사람이 되자

맛집의 기준은 '음식을 먹은 후 다시 가고 싶은 집이냐?' 이다. 맛만 있다고 해서 맛집은 아닐 것이다. 아무리 음식이 맛있다고 해도 불친절한 서비스와 찾아가기 불편한 위치, 분위기 등등 복합적인 여러 가지 요소가 나와 맞지 않는다면 다시 찾고 싶은 마음은 사라질 것이다.

때로는 음식 맛은 평범해도 주인과 나눈 몇 마디가 다시 찾게 할 수도 있고, 어쩌다 나온 음악이 내가 가장 좋아하는 노래였거나, 같이 음식을 먹은 사람과의 좋은 추억이 있을 때 나만의 맛집이 되고는 한다.

그래서 인간관계도 맛집 같다는 생각이 든다.

- 화려한 외형과 인테리어에 끌려 들어갔지만 음식 맛이 별로인 집처럼,

겉모습에 끌렸다 알고 보니 별로인 사람

- 맛은 하나도 없는데도 목이 좋은 덕분에 사람이 북적대는 집처럼,
  좋은 지위로 인해 주변에 사람이 많은 사람

- TV에서 맛집으로 소개가 되서 찾았더니 동네 음식점만도 못한 집
  처럼,
  소문과는 전혀 다른 사람

- 음식점 개업을 할 때만 인기 있는 소위 오픈발처럼,
  처음 몇 번만 좋다 마는 사람

- 평소 미식가인 사람이 맛있다고 적극 추천해, 기대에 부풀어 갔더
  니 내 입맛에는 전혀 맞지 않는 집처럼,
  다른 사람은 다 좋아하고 인기도 좋은 사람인데 나와는 코드가 전혀 맞지 않는
  사람

- 줄 서서 먹는 유명한 곳이어서 갔더니 싸구려, 나쁜 재료를 사용
  하는 집처럼,
  현란한 말솜씨로 사기 기질이 농후한 사람

음식 고발 프로그램을 보면 그 실태에 놀라곤 한다.

알고 나면 먹을 거 하나도 없다는 말이 절로 나오고, 오죽하면 음식의
용량을 제대로 지킨 착한 식당을 찾는 방송까지 생겼을까?

그런데 착한 식당의 공통점을 보면 식당 주인은 의외로 덤덤한 모습

　　　　　　　　　　　　　Part 4. 세상과 통하라

을 보인다. 당연한 건데 이게 무슨 화젯거리가 되냐는 것이다. 내가 인상적으로 봤던 것 중 하나가 순댓국집 주인이었다. 처음에는 모자이크 처리를 해서 나쁜 식당의 주인인 줄 알았다. 그런데 며칠 뒤 제작진이 다시 찾아가서 주인을 설득하는 장면이 나온다. 그제서야 주인은 출연에 응하는 것이었다. 알고 보니 착한 식당으로 선정이 됐는데도 출연하지 않겠다고 한 것이다.

주인은 자기 식당이 방송으로 유명해지는 것도 원하지 않고, 순대를 일일이 손으로 손질하기 때문에 사람이 많이 와도 힘에 부쳐 많이 팔지도 못한다는 것이다. 지금 손님만으로도 충분하다고, 괜히 단골손님들에게 피해 주는 것 같아 방송을 거절했다고 했다.

그동안 착한 식당, 유명한 맛집의 주인들을 보면 자기 비법을 자랑하고, 손님이 얼마나 많고, 하루 매상이 얼마라는 것을 자랑하기 바빴는데 참으로 신선한 충격이었다.

진정한 맛집은 자랑하지 않는다는 것을 알았다.

사람도 마찬가지이다.

좋은 사람, 괜찮은 사람은 요란하지가 않다. 조미료로 맛을 낸 음식은 먹고 나면 속이 더부룩하듯이 말로, 지위로, 요란함으로 꾸민 사람과의 만남은 헤어지고 나면 개운하지가 않다. 그런데 우리는 강한 맛, 조미료 맛에 익숙해져 착한 음식, 좋은 음식을 먹을 기회를 스스로 버린 것처럼, 그런 좋은 사람들을 알아내지 못하는 것 같다.

싱겁다고 소금을 치고, 고춧가루로 강한 맛을 내고, 마법의 스프라는 라면 스프로 획일적인 맛을 만들어 내는 것처럼, 자기를 포장하지 않는 담백한 사람은 외면하고 화려한 겉모습에만 치중한 인간관계를 만들어 내는지도 모른다.

TV 무슨 프로그램에 출연했다는 요란한 양력에 솔깃해 갔다가 그 맛에 실망하듯 빈 수레가 요란한 인간관계만 있었던 것은 아닐까. 나도 가끔 내게 반성의 질문을 한다.

진정한 맛집, 착한 식당이 그렇듯 정직하고, 솔직하고, 꾸밈없는 제대로 된 사람은 처음에는 싱거울지 몰라도 시간이 지나면 정말 진국인 사람으로 평가를 받게 될 것이다.

많은 사람이 찾는 것보다 몇 사람의 단골을 소중하게 여기듯 주위에 사람 많은 것을 자랑하지 않고 오래갈 평생 친구를 귀하게 여기자.

입맛이 없을 때 생각나고, 자주 찾지는 않아도 늘 그 자리에 있고, 먹고 나면 속이 든든해지는 맛집 같은 사람이 되어야 한다.

가끔씩 그리워 찾게 되고, 어쩌다 만나도 어색하지 않고 힘들 때 생각나는 얼굴, 잠깐 만나도 살아갈 힘을 주는 든든한 보양식 같은 사람이 되자.

| 사람들이 맛집을 찾듯, 내가 사람들이 찾는 맛집이 되어야 한다.

지루한 일상에 양념을 치자

소통으로 성공을 디자인하라

물은 아무리 끓여도 물맛이다. 아무리 끓인다고 해도 졸아들기만 할 뿐 물맛은 변하지 않는다.

물이 국물이 되려면 양념이 필요하다. 시원한 맛을 내기 위해서는 무와 대파뿌리, 다시마, 멸치 등 갖가지 재료를 넣어야 한다.

인생도 마찬가지가 아닐까?

사람들은 인생이 재미없다고들 한다. 재미있고 맛있는 인생을 위해서는 그냥 살아가기만 해서 안 된다. 시간을 투자하든 돈을 투자하든 뭔가가 필요하다.

"뭐 재미있는 일 좀 없을까?"

"인생 좀 재미있게 살고 싶다."

"사는 게 왜 이렇게 지루하지?"
"왜 이렇게 하루종일 우울하지?"

한 번쯤 내뱉은 한탄일 것이다. 툭하면 전화해서 뭐 좀 재미있는 거 없냐고 묻는 사람, 1년 전이나 10년 전이나 매번 같은 소리를 한다. 정작 그런 사람은 뭔가를 하려고는 하지 않고 감 떨어지기를 기다리듯 재미를 기다린다.

재미있는 것을 원한다면 먼저 호기심을 갖는 마음을 길러 보자.

집에 매일 똑같은 길로만 다녔다면 시간이 날 때 한 번쯤 다른 길로 가보는 것이다. TV를 보다가 멋있는 장소를 봤다면 "멋있네."로 끝나지 말고 직접 찾아가 보는 것이다.

신기한 외국 음식이 있다면 그 맛을 궁금해하며 요리에 도전해 보는 것이다.

친구가 뭔가에 빠져 있다면 "그게 그렇게 재미있냐?"라고 타박하지 말고, 얼마나 재미있는지 직접 경험해 보는 것이다. 해봐서 재미있으면 좋고, 아니면 안 하면 그만인 것이다.

개그맨 전유성 선배는 이태리 밀라노 어느 집 스테이크 맛이 기가 막히다는 말을 듣고는 얼마나 맛있는지 확인하러 직접 밀라노로 갔다고 한다.

오직 스테이크 하나 맛보겠다고 간 것이다.

맛있는 걸 확인하고 바로 돌아왔다나 뭐라나~.

이건 시간 많고 돈이 많다고 할 수 있는 행동이 아니다.

인생의 재미를 찾는 것이다.

그 덕분에 인생의 에피소드가 생겨나고, 또 다른 추억이 만들어지는 것이다.

  Part 4. 세상과 통하라

아는 방송 작가는 마흔 가까운 나이에 기타를 배우겠다며 기타 학원을 다닌다고 한다.

“넌 남들 결혼할 나이에 뭔 기타냐? 기타는 왜 치는데?”라고 물었다.

“응. 기타 치는 여자가 멋있어 보여서. 이 나이에 사고를 치는 것보다 낫잖아?”

누가 작가 아니랄까봐 말장난 하나는 수준급이다.

개그맨 김국진 씨는 중국어에 빠져서 중국어 개인교습을 몇 년째 받고 있고, 몇몇 기업 CEO들은 ‘아빠밴드’라 하여 밴드를 결성해서 음악을 열심히 배우기도 한다. 개그맨 김영철은 영어공부에 심취해 있다. 또 개그맨 김정렬은 목공을 배우며 장인이 될 때까지 계속하겠다며 심취해 있다. 그는 이미 의자, 책상을 만드는 수준급의 목공이 되어 있다.

주위를 둘러봐도 뭔가 끊임없이 궁금해 하는 사람은 늙지 않는 것 같다.

심심할 틈이 없고, 늙을 틈도 없다.

하고 싶은 것도 많고, 먹고 싶은 것도 많고, 가고 싶은 곳도 많으니 돈의 필요성도 알고, 좋아하는 일을 위해 하기 싫은 일도 불평하지 않고 감수한다.

호기심이 많은 사람은 작은 일도 그냥 지나치지 않는다.

과학이 호기심에서 출발하고, 발명가의 기본 덕목은 호기심이 아니겠는가?

유명한 사람들의 공통점도 호기심이 많다는 거다.

우리가 과학자가 될 것도 아니고, 유명한 사람이 되기 위해 호기심을 가지진 않겠지만 적어도 인생이 심심하지 않기 위해서라도 호기심은 꼭 필요하다.

아인슈타인도 말하지 않았던가.

"나는 특별한 재능이 있는 것이 아니고, 단지 굉장히 호기심이 많다."라고.

아인슈타인의 호기심 덕분에 우리는 얼마나 많은 덕을 보고 사는가.

한번은 궁금해서 인터넷 검색창에 '인생이…'를 쳐봤다.

그랬더니 따라 나오는 상위 검색어가 바로 '인생이 재미없을 때'였다.

다른 사람은 인생이 재미없을 때 뭘 할까 궁금해서 검색하려던 문장이었다.

얼마나 인생이 재미없으면 검색을 다 해봤을까 싶었다.

나오는 답이라고는 '뻔~'할 텐데 하면서.

나 역시 인생이 재미없고, 사는 게 뭐 이따위일까 싶을 때가 너무 많다.

"왜 사냐고 물으면, 그냥 웃지요."라는 시인의 답변처럼 '씨익~' 웃고 넘어가기엔 인생은 무겁고, 사는 이유들이 씁쓸할 뿐이다.

하는 일이 술술 잘 풀리고, 돈도 좀 많이 벌고, 시간도 많고, 자식 공부 잘하고, 지금보다 모든 형편이 나아지면 그때는 정말 인생이 재미있어질까?

지금 재미있지 않으면 그때도 재미있으리라는 보장은 없을 것 같다.

그렇다면 핑계를 대기보다 재미있을 궁리를 하자.

'그러나'보다 '그럼에도 불구하고'를 붙이자.

지금 인생이 그냥 밍밍한 물맛이라면 온갖 재료를 넣어 맛있는 국물을 만들자.

호기심를 가져 보자.

어릴 적, 지나가는 개미만 지켜봐도 시간가는 줄 모를 정도로 즐겁지 않았는가? 그렇게 즐겁게 뭔가를 찾아보자. 재미의 감이 하늘에서 '뚝' 떨어지기를 기다리기만 하면 인생은 한없이 지루할 것이다.

요리학원을 다니는 것도 좋은 것 같고, 연애를 다시 해보는 것도 좋은 것 같고, 운동을 배워 보는 것도 좋을 것 같다. 뭐든 해보는 거다.

한말씀 더

Normal is boring(지루해 하지 말자)!
평범한 게 지루하다면 즐거운 인생, 맛있는 인생을 위해 우리들의 일상에 양념을 치자.

Dream is now here!

꿈은 여기에 있다.

지금 여기가 꿈을 이룰 수 있는 곳이다.

지금 하고 있는 일에 최선을 다해야 한다는 우회적인 표현이다.

늘 새로운 것을 동경하되 지금 일도 못하면서 동경한다는 것은 맞지 않는다.

자주 이직을 하는 사람들이 있다. 또 늘 이직을 동경하는 사람들도 있다. 좀 더 나은 대우를 받기 위해 수직적 이직을 하는 경우가 있고, 또 좀 더 근무 환경이 좋은 곳으로 옮기는 수평적 이직이 있다.

나는 여기서 수직이나 수평적 이직을 이야기하려는 것이 아니다.

이직을 하거나 직장을 그만둘 때는 현재의 직장이 마음에 안 들어 나

가려는 경우가 많다.

마음에 안 드는 이유는 여러 가지가 있겠지만 그냥 자기가 처한 현재 상황이 싫어서 이직하려는 경우도 많다. 그런데 요즘 젊은 구직자들 중에 이직을 하려다가 긴 공백을 갖게 되는 경우도 많다는 것을 기억하라.

A라는 직원이 출근한 지 며칠 안 되어 그만두겠다는 문자 하나만 덜렁 보내고 출근을 하지 않았다. 불러서 이유를 물어봤더니 일이 많지 않지만 클라이언트들이 같은 업무를 가지고 여러 번 의사결정을 번복하니까 짜증 나 있었다고 한다. 퇴근 후, 남자친구와 술 한잔하는데 회사를 그냥 그만두라고 해서 '욱' 하는 마음에 그만뒀다는 것이다.

그만두면 갈 곳이 있느냐 물었더니 교육기획 전공이라 갈 데는 많다고 이야기하는데, 눈치를 보아 하니 갈 곳을 정해 놓은 것 같지는 않았다. 그래서 그냥 욱하는 마음에서 비롯된 것이라 보고 다시 마음 다잡고 일하라고 했다.

그런데 또 한두 달 지나서 그만둔다고 한다. 이번엔 왜 또 그러냐고 물었더니 기획일이 너무 어렵단다. 자기는 최고가 될 수 있고 자신도 있는데 이렇게 어려우니까 잠시 다른 일 좀 알아보려고 한다고 한다.

'아….' 답답했다.

이런 정도의 힘듦도 견디지 못하고 어떻게 최고가 될 수 있다고 믿는 건지 정말 답답했다. 힘든 축에도 못 끼는 일을 두고 짜증난다고 그만둔다는 것이다.

그래서 "더 견뎌라. 그런 견딤을 하루에도 열 번 이상씩 10년을 해야 된다."라고 했다.

물론 이 직원은 몇 달 견디지 못하고 그만뒀다.

그와 반대인 직원 B도 있다.

굿마이크에서는 리더들의 스피치교육을 하는 아카데미를 운영한다.

그런데 이 파트에서 근무하는 직원은 내가 봐도 신기하게 능동적이다.

수업 오시는 분들에게 상냥하게 인사하는 것은 물론이요 수업 중에 배고플 수 있다고 빵이나 케이크를 테이블 위에 올려놓질 않나, 생일 맞은 원우(학생)가 있으면 축하드린다고 인사 전화는 물론이요, 수업 때는 축하 케이크 커팅도 해 준다.

이렇게 열심히 일하는 모습을 본 많은 원우님들이 내게 와서 그의 칭찬을 아끼지 않는다.

그는 원우님들이 서로 스카우트해 가려고 안달이다(원우들 중 대다수는 기업의 CEO들이다).

이렇게 꿈을 이루는 일은 멀리 있지 않다.

위의 두 직원 모두 '스피치 아카데미'에 스태프로 일한 적이 있다.

그런데 스스로 차이를 만들어간다.

일주일에 한 번 호텔에서 저녁을 간단하게 먹고 수업을 시작하는데, A는 아카데미 원우들이 와도 건성건성 인사를 하고 인사를 한 후에는 수업이 어떻게 돌아가는지 또는 사람들의 수업 후 피드백을 살핀다든지 하는 것이 전혀 없는, 그야말로 '할 수 없이 월급 받았으니 내가 여기 있는 것이다'의 느낌을 갖게 한다. 성의 없는 인사와 태도로 원우들과 거리감이 많았던 것이다.

어느 날 A는 아카데미 수업진행에서 빠지고 다른 업무에만 충실하겠다고 해서 그렇게 하라고 했다. 그런데 그 다음부터는 다른 업무에서도 빠지고 자기가 맡은 한 가지 업무만 하겠다고 했다. 역시 또 그렇게 하라고 했더니 급기야는 그만둔 것이다.

자기가 맡은 일을 성의 있게 능동적으로 하는 사람은 주변 사람들에게도 칭찬받고 인정을 받아 가는데, 한 사람은 그렇지 못해 적응도 못하고 인정을 받지 못하는 상황이 생긴 것이다.

이런 마음가짐이라면 앞으로 두 사람의 차이는 더 벌어질 것이다.

A의 능력이 참 아깝다. 서류를 만드는 속도와 매사에 처음 접하는 일에 있어서 과도할 정도의 적극성을 잘만 살린다면 어떤 장소 어떤 일에서라도 성공할 것이라 본다.

단, 끈기만 있다면….

제안하고 싶다. 더 이상 연습하면서 인생을 살 순 없는 것 아니겠는가? 그래서 마음에 안 드는 그 무엇을 이겨내고 한 가지 일을, 한 직장에서의 근무를 오래 해보라고 말이다.

한 가지 일을 오래 열심히 하다 보면 주변에서의 평판도 좋아지게 되고, 그렇게 시간이 지나면서 전문가 소리를 듣게 되고, 능력을 인정받을 수 있는 것이다.

능력을 발휘하고 싶거나 능력을 인정받고 싶어서 여기저기 기웃거리다 보면 시간만 흘러 결국 아무것도 잘하는 것이 없는 사람이 된다. 그런 사람의 애길 들어 보면 못하는 것은 없으나 잘하는 것도 없다.

우리는 전문가적 기질을 요구하는 시대에 살고 있다.

그리고 그런 전문가가 되어서 남들에게 인정받고 싶은 게 사람의 마음 아니겠는가?

그렇다면 그런 꿈은 멀리 있지 않다.

지금 있는 그 자리가 바로 꿈을 이룰 수 있는 자리인 것이다.

꿈은 보이지 않는 먼 곳에 있는 것이 아니다.

바로 지금 여기에 있다!

Dream is now here!

Part 4. 세상과 통하라

내려놓으면 상처받지 않는다

프로야구 SK의 '영원한 캡틴' 김재현 선수는 1994년 LG에서 데뷔해, 17년 동안 팬들의 사랑을 폭발적으로 받았다. 고관절 수술로 선수 생명의 엄청난 위협을 받기도 했지만 열심히 뛰었고 그 뒤 은퇴를 선언했다. 한국시리즈 우승을 확정 짓고 기자회견을 할 때도 그의 은퇴를 만류하는 목소리가 있었지만 그는 은퇴식을 가졌고 역사 속의 전설로 남았다.

'거미손'이라 불렸던 골키퍼 이운재 선수의 은퇴도 생각난다.

21세기 아시아 최고의 골키퍼로 선정될 만큼 한·일 월드컵에서 우리나라를 4위로 이끈 주역인 그는 17년간의 현역 생활을 마감하고 은퇴를 선언했다.

가수 패티김 역시 54년의 가수생활을 그만하겠다며 너무나도 갑작스럽게 은퇴 사실을 밝혀 주위를 놀라게 했다.

원래 10년 전부터 은퇴를 고민했지만, 시기를 조율하다가 발표를 했는데 그 이유를 들어보니 건강하고 아무 이상이 없을 때, 박수를 받으며 무대에서 내려오고 싶다는 마음으로 은퇴를 결정했다고 한다. 전성기를 함께하지 않았지만 분명 그의 노래를 그리워하며 아쉬워하는 사람이 많았을 것이다.

평생 들어올리기만 하던 이도 내려놓기를 선언했다.

300kg에 달하는 무거운 바벨을 번쩍번쩍 들어올리던 '역도 여제' 장미란 선수. 지난 14년간 걸어온 자신의 역도 인생을 마감하고 현역에서 물러나는, 그야말로 진짜 내려놓기를 한 것이다.

다행히 내가 기억하는 이들은 모두 불명예스럽게 은퇴를 하지 않았다.

'최고의 자리에서 내려오는 기분은 어떨까?'

절정이나 정점 없이 주야장천 내려오는 경험만 해본 나로서는 그 자리가 아까울 것 같은 생각이 들었다.

'명예의 달콤한 맛을 어떻게 잊지?'

'은퇴하고서는 뭘 하려고?' 등등의 생각이 스쳐지나갔다.

내 앞가림도 못하면서 괜한 걱정이 들었다.

그러다가 이런 생각이 들었다.

장미란 선수가 이를 악물고 바벨을 들어올렸다가 얼마의 시간이 흘러 내려놓는 순간이 진짜 성공인 것처럼, 자기 자리에서 최선을 다한 사람이 맞는 은퇴가 인생의 진짜 성공 지점이 아닐까?

사람관계도 마찬가지이다.

친한 친구, 아끼던 후배, 존경하던 선배도 한 번쯤은 내 마음 같지 않아 서운해지고, 소홀해지는 순간이 온다.

'내가 너한테 어떻게 해줬는데?'

‘그 사람이 나한테 어떻게 이럴 수가 있지?’

잘해 줘야 아무 소용없다며 결론을 짓고, 어느 순간 그 사람을 마음속에서 지우는 자신을 발견한다. 특히 사람 욕심이 많은 사람일수록 상대방의 소홀함을 견디지 못하고 서운함을 더 표출하는데, 사람 역시 내려놓는 연습이 필요하다.

‘관계가 소홀해지거나 예전같이 뜨거운 관계가 아니구나…’ 라고 느껴질 때는 이렇게 생각해 보자.

‘그래. 그럴 수도 있지. 나라도 그랬을 거야.’

‘무슨 사정이 있겠지. 기다려 보자.’

이런 마음으로 잠시 관계를 내려놓을 필요가 있다.

일이든 사람이든 뜨거운 것만이 좋은 게 아닐 수도 있다.

물이야 100도에서 끓지만, 사람 관계에서는 그 뜨거움에 상처를 입고 마음을 데일 수도 있다. 펄펄 끓었다가 차갑게 식는 관계보다는 꾸준히 온기를 느낄 수 있는 존재로 남는 것이 진짜 성공한 인간관계일 것이다.

연애할 때 펄펄 끓는 사랑의 감정을 느껴 보았는가?

집에 보내기 싫어서 조금만 더 있다 가자 하다가 마지막 버스를 놓쳤던 기억들, 그러다가 다음날 만나서 하는 말, “아빠한테 뒤지게 혼났어.”

‘박수칠 때 떠나라’ 는 말이 있다.

최고의 정점일 때 그만두라는 말에는 많은 뜻이 담겨 있지만, 결국 그렇지 않으면 그 결과가 초라하고 비참하게 될 것을 예고하는 말이다.

하지만 말이 쉽지, 한창 잘나가고 있는데 그것을 고스란히 내려놓고 떠나기는 쉽지 않을 것이다. 그렇기에 최고조에서 떠나야 하고, 떠나야 할 때가 언제인지를 아는 사람의 뒷모습이 아름답다고 했나 보다.

박수칠 때 떠나는 아름다운 뒷모습의 주인공이 되기 위해서는 먼저 스스로 최고라고 느낄 만큼 최선을 다하고, 그 자리에서 내려왔을 때 주변사람들에게 박수를 받을 만큼의 인격도 갖추어야 되겠다.

사람 관계 역시, 언제 어디서 어떻게 헤어지든 서로의 행복을 빌어주고 잘 되기를 바라는 마음을 갖기 위해서는 가장 좋은 감정일 때 상대를 내려놓는 연습이 필요하다.

자식들도 역시 내려놓는 것이 필요하다.

시집보낸 딸집에 "감 놔라. 대추 놔라." 하는 친정 부모들도 많지 않은가?

아들 장가보낸 시어머니가 매일같이 며느리에게 우리 아들은 뭐 좋아하니까 뭐 해주라는 등 내려놓기를 못하는 경우도 많다. 내려놓기를 못하면 갈등을 키운다. 갈등이 생기기 전에 내려놓기를 훈련하라.

일이든 사람이든 스스로 내려놓느냐, 어쩔 수 없이 타의에 의해 내려놓느냐는 분명 차이가 있을 것이다. 여하튼 우리는 언제일지 모르는 그 순간을 위해 지금부터 내려놓는 마음의 준비를 해야 할 것이다.

지금 이 순간, 힘겹게 '내려놓기'에 서 있는 분들께 상처받지 말고 가볍게 내려놓으라고 권한다.

어떻게?

그냥,

툭!

좋은 글이 SNS를 타고 나에게로 왔다.

　　　삶이 나에게

너무 잘하려 하지 말라 하네

이미 살고 있음이 이긴 것이므로

너무 슬퍼하지 말라 하네

삶은 슬픔도 아름다운 기억으로 돌려주므로

너무 고집부리지 말라 하네

사람의 마음과 생각은 늘 변하는 것이므로

너무 욕심부리지 말라 하네

사람이 살아가는 데 그다지 많은 것이 필요치 않으므로

너무 연연해하지 말라 하네

죽을 것 같던 사람이 간 자리에 또 소중한 사람이 오므로

너무 미안해하지 말라 하네

우리 모두는 누구나 실수하는 불완전한 존재이므로

너무 뒤돌아보지 말라 하네

지나간 날보다 앞으로 살 날이 더 의미 있으므로

너무 받으려 하지 말라 하네

살다 보면 주는 것이 받는 것보다 기쁘므로

사랑받는 것에 익숙해져야 한다

비올리스트 리차드 용재 오닐의 활약이나 인터뷰를 볼 때마다 느끼는 점이 참 많다.

그의 어머니는 전쟁고아로 어릴 때 미국으로 입양이 되었는데, 입양 당시 고열을 앓다가 뇌손상을 입어 지금까지 언어장애를 갖고 있다고 한다.

정신지체인 상태에서 용재 오닐을 낳았고, 그는 양 조부모 손에서 키워졌는데, 그가 음악 공부를 마음놓고 할 만큼 형편이 넉넉하지는 못했다고 한다.

그런데 어떻게 비올리스트 사상 최초로 미국 줄리아드 음악원 '아티스트 디플로마 프로그램'에 입학해 대학원 전액의 장학금을 받게 되었을까?

손자의 바이올린 강습을 위해 직접 운전을 마다하지 않은 음악적 교육열이 높으신 할머니, 레슨비를 모아 주었던 작은 시골 마을 주민들, 자신이 쓰던 악기를 선뜻 내어준 교수 등등….

용재 오닐은 말한다. 자신이 지금의 자리에 설 수 있었던 건 혼자 힘이 아닌 주변 사람의 도움과 사랑 때문이라고. 그들이 없었다면 자신은 아무 것도 아닌 사람으로 자랐을 거라고.

그는 어느 인터뷰에서나 빼놓지 않고 그들에게 고마움을 말한다.

그들에게 받은 사랑이 하도 커서 어떻게 갚아야 할지 모르겠다며, 그래서 시작한 것도 다문화 가정 자녀들에게 무료로 음악을 가르쳐 주는 일이라고 한다.

세계적으로 이름을 떨치던 한국인, 또는 한국계 음악인이 자신의 천재성과 무용담을 말하는 것을 참 많이 들었다. 그중 주변 사람들에게 받은 도움과 사랑 때문에 지금의 내가 있을 수 있다고 말하는 리차드 용재 오닐이 큰 울림으로 다가오는 건 왜일까?

의례적으로 고마움을 표시하는 것이 아니라 그는 인터뷰를 할 때마다 은혜를 어떻게 갚아야 하냐며 절절한 눈빛으로 고마움을 표현한다. 그리고는 자신이 그 사랑을 되돌려주는 것밖에 없다고 한다.

누군가의 도움을 받는 것에 익숙하지 못한 사람들이 있다.

대가 없는 사랑에 손사래를 치며 거절하는 사람도 있다.

도움을 줄라치면 불쌍해 보이는 게 싫다며 불편한 기색을 보이기도 한다.

그들은 대부분 남에게 베푸는 것도 서툰 사람들이다.

사랑을 받아 본 사람이 사랑을 줄 수 있다고, 도움도 받아 봐야 남을 도울 수가 있다.

    Part 4. 세상과 통하라

내게 어려움이 닥쳤을 때 누군가의 도움이 얼마나 큰 힘이 되었는지, 세상 혼자뿐이라고 처절한 외로움에 빠졌을 때, 가만히 어깨에 손을 올려주는 손길이 얼마나 따듯했는지…. 모두 받아 봐야 알 수 있는 것이다. 혼자 극복한다고 모든 걸 거절하고 거부한다면 그 사람은 누구에게도 사랑을 줄 수가 없는 사람이 된다.

세상은 절대 혼자서 살 수 없는 곳이라는 것을 요즘에서야 배우고 있다.

'난 혼자 여기까지 왔다' 고 철저하게 믿는 사람도 그의 일생에 대한 이야기를 들어 보면, 분명 누군가의 도움이 있었을 것이다.

도움 받는 것에 자존심을 내세우지 말라.

내가 받는 도움이 또 다른 사랑을 이어주는 단계라 생각하라.

달리기 계주에 없어서는 안 될 바통이라 생각하고, 받은 사랑을 꽉 쥐고 그저 최선을 다해 열심히 뛴 다음, 또 다른 도움이 필요한 사람에게 넘겨주면 되는 일이다.

"사랑해."라는 말을 해보셨나요?

사실 나는 사랑을 몰랐다.

"사랑해."라는 말도 해본 적이 거의 없다면 믿겠는가?

그것은 사랑이 뭔지를 잘 몰라서이기도 하지만 사랑이라는 단어가 내게

참 안 어울린다는 생각에, 그 단어를 말해 본적이 없는 것이었다.

그런데 어느 날 "사랑해."를 해 보았다.

폭풍 같은 사랑이 솟아났다.

눈물마저 나려고 했다.

사랑한다고 말하면서 더 큰 사랑이 생겼다.

내가 말하면서 내가 도취되고 심지어는 자주 하게 되면 말에 책임을 지

려 하는 세뇌 효과도 있는 것 같다.

"사랑해."를 해 보라.

연인이든, 자녀에게든, 부모님께든, 친구에게든….

그 말에 더욱 사랑이 솟아나게 되는 것을 느낄 수 있을 것이다. 509.

결핍은 절실함을 낳고,
절실함은 행동을 낳는다

우리 주변에는 거울이 많아서 좋다. 여기저기 훌륭한 인생을 만들어 낸 분들이 바로 거울이다.

사업의 실패로 집이 사라지고 길바닥에 나앉았지만, 길거리 호떡 장사로 다시 시작해 오뚝이처럼 다시 일어선 '본죽의 김철호 대표' 같은 분이 있다. 21년간의 군생활을 하고 전역한 후에 나이 50 중반에 창업으로 지금은 1,800억 원의 매출을 달성하여 기업을 일군 ㈜ 조은시스템의 김승남 회장도 계시고, 체면과 자존심을 버리고 인생의 패자부활전의 우승 같은 드라마를 만든 천호식품의 김영식 회장 같은 분도 계신다.

우리 아카데미 원우 분들 중에서도 너무나 오뚝이 같은 인생을 산 분들이 많다.

직원들 월급을 줘야 하니까 대리운전을 새벽까지 하면서 회사를 중견 기업으로 일군 프로종합 개발의 권용준 대표 같은 분도 있다.

또한, 맨주먹으로 IT기업을 일구며 3년 동안 집에도 못 들어가고 차에서 자면서 전국을 돌며 영업을 다닌 이천재 대표 같은 분도 있다.

이천재 대표가 부인과 통화를 하면 늘 끝인사가 "차 창문 조금 열고 자. 위험해."였다고 하니 얼마나 애절하고 절실한가?

이외에도 엄청난 스토리를 가지고 있는 분들이 참 많다.

이분들의 경우를 잘 들여다보면 대부분이 '결핍'이라는 단어가 베이스에 깔려 있다. 결핍을 껴안고 살다 보면 어느새 자기도 모르게 떠오르는 게 있다.

'아~, 나도 되고 싶다.'

'아~, 나도 갖고 싶다.'

이런 강한 욕구에서 나오는 것, 바로 '절실함'이다.

얼마나 강하게 필요하면 절실할까?

맨주먹으로 사업을 일구어 부자가 된 분들과 대화를 나누면 단 한 명도 예외가 아닌 공통으로 나오는 단어가 바로 '절실함'이란 단어다.

너무 열렬히 사랑해서 구애를 하는데 마지막으로 먹히는 문장이 있다면 아마도, "너 없으면 난 안돼."일 것이다.

"너 없이는 못 살겠어."라고 하는데 누가 청혼을 거부하겠는가?

"너를 놓치면 나는 죽을 것 같아. 네가 없으면 나는 안 될 것 같아. 내가 널 사랑하지 않으면 살아 있는 의미가 없어."라고 고백하는 사랑을 해본 사람이라면 아마도 사랑의 감정에서 '절실'이란 단어를 이해할 수 있으리라.

바로 그 사랑이 절실하기에 이뤄지는 것처럼 사업도, 공부도 마찬가지 아닐까?

강연장에서 강연을 할 때 이 이야기를 하면 어떤 이는 이렇게 말한다.

"나는 해도 안 되는데 어떡하죠?"라고 되묻는다.

"아무리 노력해도 안 되는데, 그럼 나는 뭐 절실하지 않은 건가요?"

그것은 절실하기만 했지, 노력하지 않은 것이거나 아님 근원적으로 절실하지 않은 것이다.

'가난은 며느리가 담을 넘게 한다' 는 얘기가 있고, '모든 무능은 게으름에서 기인한다' 는 얘기가 있다. '절실하라' 그러면 이루어진다.

'라기주' 라는 친구가 있다.

이 친구는 지금 연매출 300억대의 회사를 운영하고 있으며, 나름 안정적인 기업의 반열에 올라 있다. 기업이란 것이 30년 살아남기가 어려워 안정적이란 단어는 맞지 않을 수 있지만, 지금이 걸어온 인생의 여정 가운데 가장 안정적이라 말한다.

집안이 너무 어려워 어릴 때부터 신문도 돌리고, 우유도 돌리면서 공부를 했고, '일해서 돈을 번다.' 의 개념도 있었지만 당장 집에 먹을 것이 없었기에 밖으로 나가야 밥을 먹을 수 있었단다. 그래서 고등학교를 졸업하고 대학을 진학하지 않고 바로 취직을 해서 직장생활을 시작했는데 문제는 월급이 너무 작아서 살 수가 없었단다.

일찍 결혼해서 애는 있고 해서 그냥 그렇게 직장 생활을 못하겠기에 남들보다 두 배는 더 능동적으로 일했다. 그리고 월급도 두 배로 받았는데 그래도 부족한 것이 아이가 셋이 된 거다.

'아, 내가 지금 여기서 이럴 때가 아니구나. 가난을 대물림해서는 안 되겠다.' 는 생각에 창업을 했고 창업한 이래로 지금까지 10시 전에 집에 들어간 적이 거의 없을 만큼 바쁘게 살았단다. 창업한 후 10년이 어떻게 흘렀는지 큰아들이 군대에 가 있는 줄도 모르고 "애는?"하고 물었더니 "지난달에 군대갔어요." 할 정도로 일에 미쳐 있었다고 한다.

그래서 나는 물었다.

그렇게 열심히 일한 이유는 "가난 때문이니?"

가난보다 더 큰 것이 '다시는 가난하면 안 되겠다.' 는 절실한 마음이라고 했다.

'절실' 이라는 단어는 이렇게 반드시 '행동' 을 낳는다.

'이준엽' 이라는 후배는 강남 학원가에서 성공한 교육사업가로 유명하다. 그는 어릴 때부터 사업을 준비했다. 아버지가 시각장애인이라서 너무 가난했다. 아버지는 안마를 하시면서 다른 시각장애인들도 돌보았기 때문에 더욱 경제적으로 어려웠다. 그때부터 회사를 일구어 부자가 되겠다는 꿈을 일기에 쓰기 시작했고, 악착같이 공부해서 한양대 경영학과를 나왔다.

스무세 살까지 단칸방에서 시각장애인 10명과 살면서 그야말로 '찢어지게 가난하게 살았다' 고 한다. 그냥 하는 말이 아니라, 정말로 찢어지게 가난한 삶을 살았다. 그래서 반드시 가난에서 벗어나야 한다는 생각을 했다고 한다.

이 친구 역시 자기가 성공할 수 있었던 것은 '절실한 마음' 때문이라고 말한다. 이렇게 절실한 마음은 행동을 낳고, 그 행동은 반드시 좋은 결과를 몰고온다는 것을 기억하자.

나는 이 둘을 '스승' 이라 부른다.

스승이라고 꼭 큰 인물이거나 유명하지 않아도 된다.

주변에 스승을 많이 둬야 한다. 그래서 그들을 벤치마킹하고 흉내라도 내야 한다. 그래야 목표의 반쯤이라도 따라갈 수 있다.

인생에 전환점이 되는 어떤 일을 시작할 때 반드시 두 가지를 스스로에게 물어보라.

첫째는 절실한가?

둘째는 절실함과 맞는 어떤 행동을 할 것인가?

한말씀 더

지금 나는 생각해 본다.

내게 가장 절실한 것은 무엇일까?

내게 가장 필요한 행동은 무엇인가?

나를 소중히 여기자

제법 큰돈을 주고 장만한 옷은 오래 입게 된다.

명품 값을 하는 걸까?

비싸니까 그만큼 튼튼하게 잘 만들어서일까?

그런 이유도 있겠지만 그 옷을 착용하는 사람의 태도 때문이 아닐까?

비싸게 주고 산 옷은 절대 함부로 취급하지 않기 때문이다.

자주 입지도 않을 뿐더러 입었을 때도 어디 흠집이 나지는 않을까, 뭐가 묻지는 않을까 조심하게 된다. 평상복으로 입는 대신 좀 차려입고 가는 자리일 때만 꺼내 입게 된다. 세탁을 할 때도 손빨래, 물빨래는 가당치도 않고, 세탁소에 맡길 때도 조심해서 다뤄달라는 당부까지 하며 여간 신경을 쓰는 게 아니다.

이렇게 온갖 사랑과 정성을 받으니 비싼 옷, 명품은 오래갈 수밖에 없다. 뭐가 묻든, 늘어지고 구겨지든, 다른 옷과 뒤엉켜 빨래를 해도 상관없는 옷들과는 받는 대우가 다르니 비싼 옷의 생명이 훨씬 길 수밖에 없다.

사람도 마찬가지다.

사람은 태어날 때 저마다 값어치를 갖고 태어난다고 한다.

물건처럼 생명의 값은 차이가 있을 수 없고, 생명 그 자체로 귀한 값어치를 갖게 되는 것이다. 그런데 저마다 똑같았던 값어치가 왜 시간이 지날수록 다르게 되는 걸까?

귀한 몸, 천한 몸이 따로 있는 것도 아닌데 분명 사람마다 다른 가치가 매겨진다. 돈과 권력, 명예의 기준으로 몸값이 매겨지기도 하지만, 단지 그런 것을 많이 가졌다고 해서 우리는 그들을 가치 있는 사람이라고 평가하지 않는다.

말 그대로 '가치 있는 삶'을 사는 사람을 두고 '가치 있는 사람'이라고 말한다. 그러려면 다른 사람의 평가보다 나 자신부터 자신을 가치 있는 사람으로 여겨야만 한다.

비싼 옷을 대하는 자세처럼, 자신을 소중히 생각하고, 몸을 함부로 굴리지 않아야 한다.

더러운 것을 가까이하지 않아야 깨끗한 상태를 유지할 수 있고, 인상이 구겨지는 생각 대신 반듯한 생각을 해야 한다. 목이 늘어나고 무릎이 튀어나와 함부로 대하는 옷과는 반대로 늘 긴장된 자세와 모나지 않은 언행을 써야 명품 몸, 가치 있는 몸이 된다.

'가치 있는 삶을 살자.'

'어떻게 사는 것이 가치 있는 삶일까?'

이런 말이 참, 도덕교과서 같고, 손발 오그라드는 낯간지러움이 드는

데 '뭐 특별히 다른 게 없는 거' 같다.

나의 시답지 않은 농담에도 누군가가 웃고, 기뻐하는 것도 나의 가치가 인정되는 것이고, 남들이 돈으로 기부할 때, 두 손 두 발을 써가며 힘을 보탠 것도 가치가 있는 것이다.

내가 손해보는 것이 분하고 억울해 부들부들 떨기보다 나보다 더 어려운 사람 도왔다고 마음먹는 것도 충분한 가치가 있다.

사정이 생긴 동료를 위해 대신 야근을 하겠다고 나서는 행동도, 내 실패담이 누군가에게 위로가 되는 것도, 지금은 어렵지만 언젠가 봉사를 하겠다는 마음가짐도 가치를 높여 주는 행동들이 아닐까.

이런 사람이 있다.

줄담배를 무지 피우는 친구에게 "담배 좀 줄여. 건강을 생각해야지."라고 권유한다.

그러면, "냅둬유. 이렇게 살다 죽게."라고 말한다.

하루가 멀다 하고 폭음을 하는 친구에게 술 좀 줄이라고 하면 역시, "냅둬유. 이렇게 살다 죽게." 하고 말한다.

"그냥 하고싶은 거 마음껏 하다가 죽는 게 낫다. 좋아하는 거 참으며 오래 살면 뭐하냐? 참는 게 더 스트레스다. 난 오래 살고 싶은 생각 없다."

그런데 이런 사람들이 진짜 어디가 좀 아프면 제일 호들갑을 떨지도 모른다.

문제는 자기가 아픈 것으로 끝나는 것이 아니라 가족이나 다른 사람을 더 힘들게 하고, 자기 몸의 가치를 스스로 떨어뜨리는 것이다.

실연했다고 해서, 실패했다고 해서, 실수했다고 해서 자신을 너무 자책하지 말자.

자기 자신을 함부로 대하면 남들도 함부로 대하고, 자신을 함부로 대하는 사람은 남들에게도 함부로 한다.

내 가치를 스스로 떨어뜨리지 말아야 한다.

명품과 짝퉁을 대하는 자세가 다르듯 나를 명품이라 믿고 소중하게 다루자.

아인슈타인도 "자신의 삶을 소중히 생각하고, 단지 성공하는 사람이 아니라 가치 있는 사람이 되라."고 했다.

성공한 사람보다 가치 있는 사람이 되자.

성공한 사람을 가까이하기보다 가치 있는 사람과 같이 가자.

지금 나의 가치는 어떤 것일까?
고민하고 물어보는 시간 10분 갖자.

감사한 사람들의 이름을 불러 보자

나는 어쩌면 인생의 절반 이상을 살았다.

정리할 것은 정리하고 그러면서 감사할 것은 또 감사하고 싶다. 가끔 삶이 버거울 때나 기분이 나쁠 때는 그날 잠들기 전, 감사한 사람들을 떠올리면서 잠을 청하는 경우가 있다.

어릴 적부터도 좋고 아니면 사회생활을 하면서부터도 좋다.

내 휴대전화에 저장되어 있는 3천여 명의 사람들 중에서 왜 고마운지, 이유를 달아서 감사해 보는 시간을 가져 본다.

어머니가 돌아가시고 나의 어머니를 자청해 주셨던 연극인, 손숙 선생님.

내가 말을 너무 맛있게 한다며 라디오 DJ를 맡겨 주신 김동운 국장님.

헤매고 있을 때마다 짧은 말 한마디로 용기를 주던 개그맨,

김국진 형님.

나에게 늘 감사가 무엇인지를 알게 해 주신, 사람 냄새 폴폴 나는

소방차 리더, 김태형 형님.

항상 나에게 뭔가를 해 주시려는 개그맨, 김정렬 형님.

방송이 무엇인지, 어떻게 해야 하는지를 알려주신,

MBC 김영희 국장님.

만나면 냉정한 충고를 해 주시는 국민 개그맨, 이경규 형님.

나를 도와주려고 무던히도 애를 쓰는 친구, 파나케미칼 라기주 대표.

그리고 자기 일보다도 더 열심히 나를 아껴 주는 친구,

썬닉스의 김재민 대표.

탁월한 리더십으로 조직을 끌어 주시는 2기 원우 회장이신,

메자인 한명윤 대표님.

그리고 '리더스 스피치 아카데미'의 1기 원우 회장이신,

대신건설의 권상구 대표님.

어쩌면 이토록 사람을 잘 배려할 수 있는가를 생각하게 하는,

홍순간 형님.

동생뻘인데 늘 형 같은 묵묵함으로 자리를 빛내 주는, 신승희 검사님.

의리와 약속의 대가이신 도정미 현대카드 실장님과 우찬표 실장님.

고목처럼 든든한 형인, 김동석 대표님.

때로는 누나 같은 탤런트, 윤예희 님.

말보다는 행동으로 보여주시는, 김우영 대표님.

늘 내 말에 귀기울여 주시고 배려를 잘해 주시는, 송경화 EBS PD님.

늘 열심히 사는 모습을 보여주는, 정경희 상무님과 신동석 팀장님.

맨 땅에 헤딩하며 꿈을 이루고 있는, 이천재 · 하진호 대표님.

무한능력의 소유자, 박병기 전무님.

꼼꼼한 리더십과 나를 배려해 주는 마음이 고운, 장혜원 대표님.

흐트러진 모습 없이 자기관리 철저하신, 권용준 이사장님.

합리적인 사고가 무엇인지 행동으로 보여주시고 늘 옳으신,

SKT마케팅의 이태현 팀장님.

늘 함께해 주시는 성실하신, 이석구 이사님.

착하고 매너 좋은, 이창규 감정평가사님.

솔직 담백한, 유원영 중진공 과장님.

착하고 진솔하고 의리 있는, 홍정표 이사님.

베스트셀러 작가이시면서 언어 유희의 달인, 윤선달 대표님.

꼼꼼하고 철두철미한, 김철 회계사님.

의리가 너무 좋고 장난기 많은, KM제약의 강일모 대표님.

뭐든지 열정적으로 잘하시는, 임종하 대표님.

내 말이라면 무조건 따라주는 얼짱, 한설희 KLPGA프로.

인간성이 너무도 좋으신, 장정자 선생님.

나를 이해해 주는 데 잠시도 주저하지 않는, 이형걸 아나운서.

미울 때가 많지만 그래도 착한 친구인, 개그맨 김용만.

요리조리 잘 빠져나가는 귀엽게 얄미운 형인, 변우민 형님.

데뷔 전부터 함께 고생했던, 개그맨 이영자.

나를 잘 이해해 주는, 박상희 대표.

나와는 비밀 없는 형, 김진태 작가님.

늘 위로와 힘을 주는, SBS 최원상 · 이진아 · 김양주 · 서현 PD.

나에게 코칭을 해 주는, 김필수 대표.

나의 글에 비판과 칭찬을 잘해 주는 장연선 작가.

'뭔 말인지 알지?' 하면서 늘 코칭해 주시는, 임기홍 작가님.

내가 귀찮게 해도 한 번도 티내지 않았던, 곽상원 작가.

성실함과 능동적인 행동으로 나를 든든하게 받쳐 주는, 김시우 실장.

5년에 한 번 봐도 반가운, 유진모 기자님.

'어쩌면 이렇게 탁월할 수가 있을까?' 생각하게 하는, 하이닉스의 이일우 인사팀장.

나를 삼성에 알려준 형 같은 친구, 오치오 상무.

정말 열심히 열정적으로 일하는, 이노뷰의 송병윤 부장.

후배 배려와 이해심이 많으신, 이성미 선배님과 남편이신 조대원 교수님.

약속을 무조건 지켜, 의리와 신뢰가 무엇인지 알려 주신 삼신디자인의 김문식 대표님.

함께하는 시간이 좋은, SBS보도국장 김희남 형님.

여동생같이 친절한, 열혈기자 한국경제의 김하나 기자님.

바쁜 와중에도 내가 강의를 의뢰하면 늘 들어주려 애쓰는, 무한도전 김태호 PD.

늘 큰 형님 같은 존재인, SBS골프 허인구 사장님.

만나면 반갑게 맞아 주시는 선배, 서울대학병원 박준동 교수님.

감사와 배려를 할 줄 아는 정치인, 김정훈 의원님.

나에게 삶의 의미와 행복의 의미를 알게 해 준, 조수진 선생님.

씩씩한 여자 라이프를 보여주는, 멋진 뷰티라이프의 김혜경 편집장.

늘 친근하게 어드바이스를 해 주는 선배인, 산업통상자원부의 김선기 형님.

항상 용기를 주시는 매력의 사나이, 박지만 형님.

골프 옷 걱정 말라며 늘 협찬해 주시는, 친형 같은 서양수 대표님.

남자답고 신뢰가 있는, MFS의 전재홍 대표님.

나에게 술을 가르쳐 준, 개그맨 홍기훈.

나에게 열정이 뭔지 알려준, 이준엽 파워스터디 대표.

말없이 배려가 뭔지를 보여 주신, KBS 김일환 책임CP님.

내가 행사장에 늦게 갈 때 노래 10곡을 부르며 시간을 벌어 준 의리 있는 가수, 설운도 형님.

부르면 늘 달려 나오시는, 김복종 형님.

의리 있는 슈퍼모델 동생, 이종희 님.

늘 진솔하고 솔직한 태도로 예의가 있는 후배, 김구라.

말 잘 들어 주는 성우, 안지환 동생.

말 잘 듣는 걸로 두 번째라면 서러울 정도로 잘하는 개그맨, 오승환.

나를 잘 따르는 신뢰감 넘치는 후배 개그맨, 한재진 그리고 양헌.

인문학으로 나를 힐링해 주는, 진성수 교수.

자주 만나지는 못하지만 늘 따뜻한 뮤지컬의 최고 배우, 남경주 형님.

이것저것 잘 의논해 주시는 선배, 김영주 작가님.

만나자마자 친형제처럼 대해 주는, 카카오톡의 박용후 이사님.

어릴 때부터 마음의 고향 같은 친구, 김기현 대표님.

굿마이크의 전임강사인, 류수경 아나운서.

강의를 아주 훌륭하게 해 주시는, 김용신 아나운서.

인간성이 너무 좋으신, KBS 김성수 아나운서 실장님.

강의에 대한 열정이 너무너무 넘치는, KBS 이성민 아나운서.

늘 따뜻한 미소를 보여 주시는, 정은아 아나운서.

늘 바른 모습을 보여 주시는, 장전배 청장님.

뭘 들이대자는 것인지 "으아~, 들이대." 하면서 내 말을 잘 들어 주는, 김흥국 형님.

나의 뒷수발을 잘 해 주는 매니저, 강철원 대표.

성실함과 겸손함으로 너무나 다정하게 대해 주는 형, ㈜ 아가방의 구

본철 대표님.

약속을 소중하게 잘 지키시는, JTBC의 권택규 이사님.

나에게 강의 부탁 잘 하시는 좋은 형, 김봉우 CNTV상무님.

좋은 말씀 많이 해 주시는, 미래에셋의 장부연 사장님.

재미있는 이야기보따리를 잘 풀어 주시는, 강원일보 박진오 사장님.

늘 웃는 얼굴로 들이대는 멋쟁이, 강찬희 대표.

아~, 감사할 사람들이 너무 많다.

다들 너무도 소중하고 감사하지만 다 담지는 못했다.

가만히 생각해 보면 한 사람 한 사람…, 감사하지 않은 사람이 없다.

이렇게 감사한 사람의 이름을 불러 보자.

그 기가 전해져 그 사람이 더 행복해지고 그러면서 더 기분 좋은 관계가 되는 거 아닐까?

어릴 때, 세배하면 세뱃돈 줄 거 같은 어른들의 이름을 적은 기억이 있다. 물론 그 분들께 세뱃돈을 다 받지는 못했지만, 그것을 적는 순간의 기쁨은 이루 말할 수 없다.

지금 성인이 되어 감사한 사람들의 이름을 적어내려가다 보면 더 잘 살아야지 하는 생각이 든다.

감사한 사람들의 이름을 적어 보자.

그러면 더 감사한 일들이 많이 생길 것이다.

‘소통’이라는 것도 뭐 특별한 기술이 필요한 것이 아니다. 이렇게 감사한 것에 감사할 줄 알고, 미안한 것에 미안해할 줄 아는 것이 소통이다.

불통은 대부분 ‘서운함’에서 출발한다. 미안해하지 않고 감사하지 않음으로써, 우리는 즐거운 소통을 스스로 차단하는 것은 아닐까?

요즘 '인맥정리'라는 단어가 많이 뜨고 있다.

'나 자신이 누군가에게 정리의 대상이지는 않은가?' 한 번쯤 물어볼 일이다.

'인맥정리'라 함은 위에서 언급했듯이 내게 필요한 사람, 내게 필요할 사람, 고마운 사람, 이런 식으로 구분하여 정리한다. 쓸데없이 너무 많은 사람을 아는 것도 시간 낭비일 뿐이다.

휴대전화 번호에 저장되어 있는 여러 지인 중에 그동안 내게 세 번 정도의 실망을 준 사람이라면 과감하게 삭제할 필요가 있다. 그런 사람은 계속 쓸데없는 일만 벌이기 때문이다.

고마운 사람의 이름을 써 보는 것도 참 의미 있는 일이다. 그 사람이 내게 베풀었던 여러 가지 고마웠던 일들이 다시 상기되어 더 돈독한 마음을 갖게 된다.

인맥정리를 통해서 더 좋은 인맥을 만들 준비를 하길 바란다.

먼저 웃어 주면 사람이 붙는다

2013년 여름에 어느 쇼셜 데이팅 서비스 업체에서 설문조사를 했다.

"직장 내에서 이상형 동료는 어떤 사람인가?"에 대한 설문조사였다.

'친절한 동료'가 2위를 차지했고, 1위는 '웃으면서 인사하는 사람'이 차지했다. 각박하게 일만 하는 회사 내에서 잘 웃어 주면 서로 기분이 좋아지고 한결 친근감을 느끼는 것이다. 그래서 '웃으면서 인사하는 사람'이 1위인 것 같다.

직장이 아니어도 일반적인 사람과의 관계에서도 마찬가지다. 이성을 보고 첫눈에 반하는 시간은 불과 3초 만에 이루어진다는 연구 결과를 본 적이 있다.

남자의 경우는 '눈이 마주쳤을 때 웃음 짓는 순간' 이성의 매력으로 빠진다고 한다. 이렇게 설문조사나 연구 결과를 보면 '웃어 준다' 는 것은 상대방을 무방비 상태로 만드는 마법이 숨어 있는 듯하다.

성공한 사람들의 대부분은 잘 웃는 사람들이다.

어느 보험 왕과 대화를 나눈 적이 있는데 그분은 거래처와 통화를 할 때 거울을 보면서 한다는 것이다. 자기 자신이 인상을 쓰고 있으면 상대 방이 내가 인상 쓰는 것을 보는 것 같아 일부러 웃으면서 통화하게 되고, 그러면 상대에게서 긍정적인 답변을 들을 확률이 매우 높다는 것이다. 그러면서 자신의 성공 비결은 거울을 보면서 웃으며 통화하는 습관이라고 했다.

사람을 설득시키는 일도 마찬가지다. 소통은 결국 사람과 사람 사이의 설득 아니겠는가?

미국의 심리학자 메러비언도 상대를 설득시키는 주요 요소를 발표하였는데 그 결과가 언어가 7%, 소리가 30%, 웃는 얼굴이 55%의 비율이었다고 한다.

웃는 얼굴이 사람을 감동시키는 가장 좋은 무기라는 것이다.

똑똑한 사람이 성공하는 확률보다 좋은 인간관계를 가진 사람이 성공할 확률이 높다는, 카네기 공대생들의 실험도 유명하지 않은가?

이렇듯 웃어 주면 모든 것이 좀 더 순조로울 수 있다.

그런데 우리는 잘 웃지 않는다.

첫째는 웃을 일이 없다고 하고, 둘째는 억지로 웃기 싫다는 것이다. 괜히 짜증내고 투덜대고 딱딱하게 굴어야 손해 안 볼 것 같다. 또 그래야 사람들이 쉽게 안 볼 것 같아서 억지로 웃지 않는 사람도 있다.

잘 웃는 것에도 비결이 있다.

1단계. 입부터 살짝 웃는 연습을 한다.
2단계. 눈으로 옮겨 가는 연습을 한다.
3단계. 입을 벌리고 웃는 연습을 한다.
4단계. 소리를 약간 내어 웃는 연습을 한다.

이렇게 한 달만 연습하면, 당신은 최고로 매너 좋은 사람이 될 것이다.
이렇게 잘 웃다 보면 습관이 되어 먼저 웃어 주게 된다.
먼저 웃어 주면 사람들이 나를 좋아할 것이고, 그 사람들이 결국 내 편이 되어 주고, 그들은 결국 나의 팬이 되어 외부로부터의 공격들로부터 나를 막아 줄 것이다.

아무리 좋은 '갑'의 위치에 있더라도 적을 만들지 않으려면 항상 '을'에게 먼저 웃어 주어야 한다. 내내 얻어먹고, 큰 소리치고, 일도 잘 안주면 '을'은 당신을 물어 버릴 것이다.
모 건설회사에 다니는 직원은 하청업체에 용역을 주는 일을 했다. 이 못된 '갑'은 '을'에게 한 번도 웃어 주지 않았다. 그래서 앙심을 품은 '을'이 '갑'을 비리로 고발하였고, 그 '갑'의 위치에 있던 직원은 회사에서 퇴사 당하고 오갈 데가 없어졌다. 그래서 평소에 하청을 주던 용역회사에 취직을 부탁했지만 모두 거절 당했다. 거절한 이유를 알고 보니 인상이 더럽다는 것이었다. 사회생활을 시작하면서부터 '갑'이었으니 인상이 좋을 리가 없었던 것이다.

먼저 웃어 주라. 웃는 얼굴에 침을 뱉지 못하는 것처럼

안 생기던 정도 쌓이고 없던 마음도 가는 법이다.

웃음은 자신뿐 아니라 주위 사람과 환경까지 밝게 만드는 마력이 있다는

사실을 잊지 말라!

그리고 한 가지 더! 절대 돈이 들지 않는다는 사실!

『아낌없이 주는 나무』라는 책이 있습니다.
쉘 실버스타인의 명작이죠.

옛날에 사과나무 한 그루와 소년이 있었습니다. 나무와 소년은 친한 친구였습니다. 나무는 소년의 좋은 놀이터였고 나무도 소년을 좋아하고 함께 놀아 주었습니다.

하지만 시간이 흘러가며 소년은 점차 나이가 들며 나무를 잘 찾아오지 않아 나무는 혼자 있을 때가 많았습니다.

어느 날, 소년이 나무를 찾았을 때 나무는 소년을 반기며 같이 놀자고 하였습니다.

하지만 소년은 나무에게 돈이 필요하다고 하였습니다. 나무는 사과를 도회지에서 팔라고 하며 자신의 열매를 따라고 하였습니다. 소년은 사과를 따 도회지로 떠나 오랫동안 돌아오지 않았습니다.

오랫동안 연락이 없던 그 소년은 청년이 되어 다시 나무에게로 돌아와 집이 필요하다고 하였습니다. 그 말을 들은 나무는 가지를 베어다가 집을 지으라고 하였습니다. 가지를 베어 집을 지은 소년은 또 오랫동안 돌아오지 않았습니다.

어느 날 소년은 중년이 되어 다시 돌아왔습니다. 소년은 멀리 여행을 떠나고 싶다고 하였습니다. 나무는 자기의 줄기를 베어다가 배를 만들어 여행을 떠나라고 하였습니다.

오랜 세월이 지난 뒤에 소년은 다시 돌아왔습니다.
늙고 병든 노인이 되어 돌아온 것입니다.
그러나 그 때 나무가 가진 것은 밑동밖에 없었지요.
그런데 노인이 되어 돌아온 소년에게 필요한 것은 편안히 앉아서 쉴 곳 이었습니다. 나무는 앉아서 편히 쉴 수 있는 곳은 늙은 나무 밑동이 최고라며 밑동에 앉아 편히 쉬라고 하였고, 소년은 그리하였습니다.

소년의 요구에 모든 걸 다 내어준 나무는 행복하였습니다.

– 여기서 소년, 이 놈은 뭐하는 놈일까요? –

비교는 행복을 행복인지
모르게 합니다.
상대적 평가보다
절대적 평가가 당신에게
필요합니다.

소통도 구조조정이 필요합니다.

독선 빼고, 고집 빼고,

그것을 뺀 공간에 이해를

더 채우는 구조조정을 하면

인간관계 개선이라는

행복의 흑자가 생깁니다.

소통디자이너
표영호의 소통공감

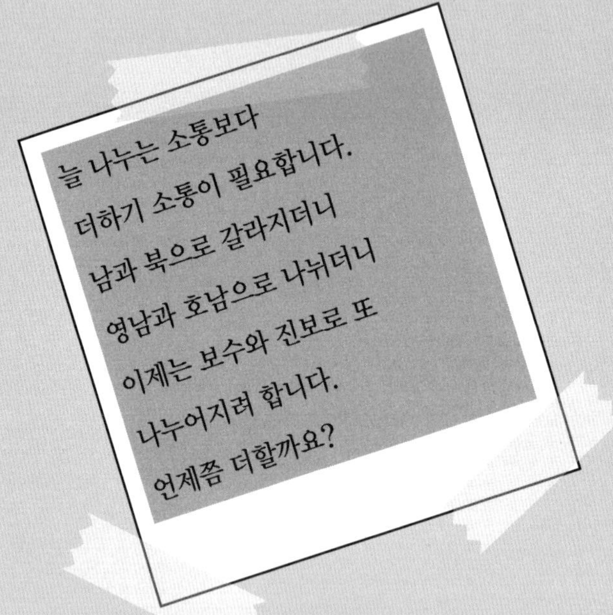
늘 나누는 소통보다
더하기 소통이 필요합니다.
남과 북으로 갈라지더니
영남과 호남으로 나뉘더니
이제는 보수와 진보로 또
나누어지려 합니다.
언제쯤 더할까요?

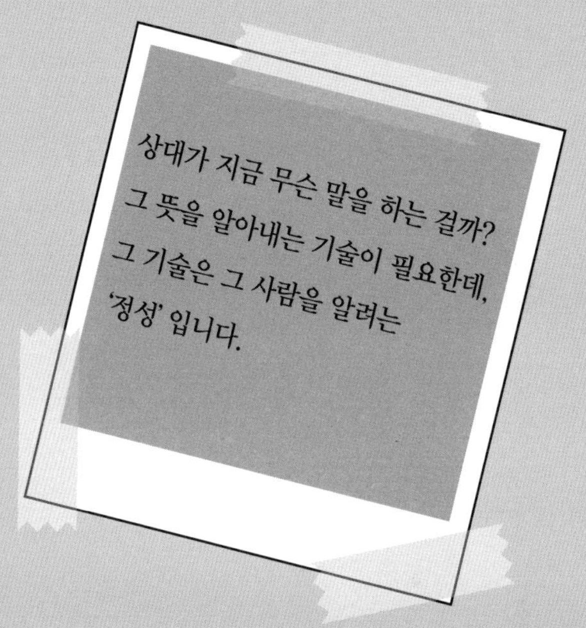

상대가 지금 무슨 말을 하는 걸까?
그 뜻을 알아내는 기술이 필요한데,
그 기술은 그 사람을 알려는
'정성' 입니다.

사랑과 소통의 공통점

커피 같다.

쓴맛과 단맛을 다 보게끔 하지만

그래도 결국은 또 마시고 싶은 중독성 같은 것

우유 같다.

초코 가루 넣으면 초코 우유 되고, 딸기 가루 넣으면 딸기 우유 되듯이

자기가 원하는 사랑을 만들어 가는 것

물 같다.

물이 없으면 살 수 없듯이 사랑은 삶에 있어서 필수적인 요소로

목마를 때 마시는 물과 같은 것

사랑은 나도 몰래 찾아오지만, 소통은 노력으로 찾아온다. 509.

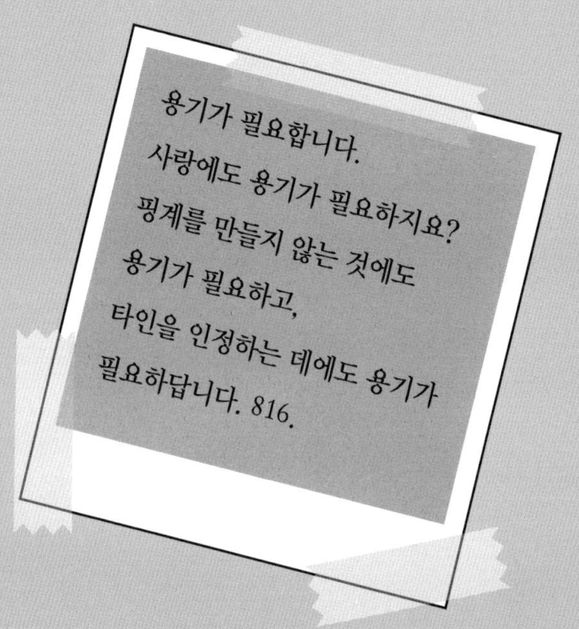

용기가 필요합니다.
사랑에도 용기가 필요하지요?
핑계를 만들지 않는 것에도
용기가 필요하고,
타인을 인정하는 데에도 용기가
필요하답니다. 816.

내 삶의 행복을 소통으로 디자인하라

소통해야 성공하고, 성공하면 행복하다

이 책을 통해서 많은 유형의 소통방식을 살펴보았다.

나는 그동안 개그맨, 소통디자이너, 스피치 아카데미 원장, 강연 기업 굿마이크 대표 등 많은 직책을 수행해 왔다. 이 모든 직함들 역시 내가 노력해서 만들고 의미를 부여해 온 것들이었다. 또한 이런 타이틀과 함께 지금껏 많은 사람과 소통하며 성장, 발전할 수 있었다. 그래서 내린 결론이 소통 역시 능동적이지 않으면 안 된다는 것이었다. 나는 '내 삶의 성공과 행복을 위해서 소통하라!' 라고 방방곡곡에서 외치고 싶다.

인생을 살면서 크게 강조하고 싶은 키워드는 '삶, 행복, 소통, 디자인' 이렇게 네 가지이다. 그중에서 크게는 '행복, 소통' 두 가지이다.

우리는 오늘 아침에도 어제와 같은 느낌으로 그저 그렇게 하루를 시작한다.

삼성경제연구소 예지은 수석연구원의 보고서에 따르면 사회적으로 행복에 대한 관심이 높아지고 있으나 한국인의 행복도는 상당히 저조하다고 한다. 현재 한국인의 행복지수는 OECD 36개국 중 24위이다. 특히 직장인의 정신건강이 악화되는 등 행복감이 저하되고 있다는 것에 관심과 대응이 필요하다.

세계에서 유례가 없는 경제 성장률을 자랑하는 우리나라가 세계 1위인 것도 있긴하다.

좀 창피하지만, 자살률이 세계 1위이다.

또 우리나라가 세계 1위인 것이 많이 있는데 뭐가 있을까?

지하철이 세계 1위이다.

그러니까 세계적인 도시 중에서 대한민국의 서울이 '세계 최고의 지하철 시스템을 갖춘 도시' 1위이다. 이것은 우리가 자랑스럽게 생각해도 되는 부분이다.

또 소주 판매량이 세계 1위이다. 우리나라 술꾼들은 기뻐도 한잔, 슬퍼도 한잔, 일 잘 풀려도 한잔, 안 풀려도 한잔, 그냥 들이마시기 때문일 것이다.

또 간 기증이 세계 1위라고 한다.

착한 사람이 그렇게 많다는 뜻인 것이다.

남성화장품 판매량도 세계 1위라는 의외의 결과가 나왔다. 한국남성이 화장품을 세계에서 가장 많이 구매한다는 것인데 전 세계의 남성화장품의 21%가 우리나라에서 판매되고 있다고 한다. 우리나라 성인남자 인구가 1,900만인데 세계 1위는 참 놀라운 사실이 아닐 수 없다.

또 1위인 것이 있는데 대학진학률이 1위이다.

죽어라 대학에 가는 것이다. 대학 안 가면 죽기라도 하는 것처럼….

또 아이러니한 1위는 이혼율이다.

해마다 32만 쌍이 결혼하고 11만 쌍이 이혼한다.

그러니까 "나 이혼했어요." 해도 이제 이상하게 보면 안 되는 것이다.

"다시 태어나도 지금의 배우자와 결혼하겠습니까?" 라고 물으면 남자는 70%는 "그럴 것이다." 여성의 대부분은 "아니오." 이다.

무엇을 의미할까?

남자들은 나이가 들면 필요한 게 와이프, 아내, 부인, 애들 엄마인데, 여자들은 나이가 들면 필요한 게 친구 같은 딸, 돈, 찜질방이라고 한다.

1위가 또 있다.

인터넷 속도가 세계 1위이다. 하여간 우리나라는 첨단이다.

또 있다.

청소년 불행지수가 세계 1위.

OECD국가 중 불행지수가 가장 높다. 또한 초중등 수학과 과학도 세계 1위이다.

여기서 알 수 있는 것은 공부 잘한다고 행복한 건 아니라는 사실이다.
또, 성형수술 세계 1위이다.
서울 거주 여성 5명 중 1명은 시술을 받았다는 리서치 조사도 있다.
뭐 아무튼 세계 1위 하는 것이 이것 말고도 엄청 많다.
여기서 주목할 사항은 자살률이 8년 연속 세계 1위라는 것이다. 경제 성장의 속도만큼이나 정신건강이 갈수록 악화되고 있는 것이 현실이다.

그래서 우리들에게는 행복을 부르는 소통이 필요하다. 행복해야 진정한 성공이기 때문이다.

진정한 행복에 대해서 사실 선뜻 대답하기가 쉽지 않다. 어떤 사람은 '월급'이 행복이고, 어떤 사람은 '외모'가 행복이고, 어떤 사람은 '건강'이 행복일 수 있는 그야말로 천차만별이기 때문이다.

생각해 보니 '행복은 반드시 OOO다.' 라고 정의를 내릴 필요는 없는 것 같다. 지금 사는 데 불편하지 않다면 그게 행복이 아닐까 하는 정도의 소박함으로 산다면 누구나 행복할 수 있다.

자, 각자가 행복이 뭔지를 자기만의 행복 툴을 만들어 보시길 바란다. 나에게 있어서 행복이 무엇인지는 각자가 잘 알 것이다. 자기 자신을 자기가 가장 잘 알테니까! 그 툴을 누가 만들어 주지 못한다. 스스로 만들어야 한다.

진정한 성공은 내가 나와 소통하여 행복을 찾아갈 때 찾아온다.

미국의 〈타임〉지가 "20세기에 성공한 사람은 어떤 사람일까?" 물었더니 '남들이 부러워하는 나' 였으나 같은 조사를 21세기에 했더니 '내 맘에 드는 나' 였다고 한다.

성공의 척도가 남의 시각에서 자기의 시각으로 변한 것인데, 스스로 만족하고 자부심을 느끼는 것이 중요하다는 의미이다. 행복도 마찬가지가 아닐까?

'남들이 부러워하는 나' 가 아니라 '내 맘에 드는 나' 이기에 행복은 스스로 툴을 만들어 가야 한다.

어느 유명한 목사님이 해 주신 말씀 중에 기억에 나는 것이 있다. 우리나라 사람들이 너무 남에게 보여 주기 위해 산다는 것이다.

남에게 보여 주고 "와~ 부럽다. 뭐 이 정도 되면 행복하다." 이런 말을 듣고 싶은 것도 아닐 텐데 그냥 남들이 나를 어떻게 볼까? 잘 봤으면 좋겠다, 남들이 보란 듯이 부럽게 살아야 된다는 생각의 틀에 사로잡혀 있는 것 같다.

그냥 내가 내 마음에 들면 되는데, 그런 게 진정한 행복인데 말이다.

그런데 내가 내 마음에 들기가 쉽지 않다.

이런 경우가 있었다.

여고 동창생 중에 둘이 정말 친한 친구가 있었다.

그런데 공교롭게도 남편들이 같은 회사를 다녔다.

A의 남편은 진급이 빨라서 월급도 더 받고 B의 남편은 진급도 잘 못하니까, B는 매일 부부 싸움을 했다.

A의 남편과 비교되는 당신 남편을 보니 울화가 치밀었다. 자신이 학교 다닐 때 공부도 더 잘하고 얼굴도 더 예뻤는데 A보다 못하게 살고 있다며, 남편에게 매일 바가지를 긁으니 남편인들 가만있겠는가?

B는 불행하다고 생각한다. 반대로 A는 나름 행복하다고 생각한다.

그런데 그 비교의 차이는 오래 가지 않았다.

초고속 승진을 하던 A의 남편은 초고속으로 회사에서 명퇴를 당하게 된다.

A의 남편은 젊은 나이에 직장도 잃고 시름에 빠져서 산다.

B의 남편은 계속 그 회사에 다니며 월급도 안정적으로 나온다.

이번엔 A가 불행하다고 느끼며 산다.

A는 매일매일 부부싸움을 한다.

이번엔 반대로 B가 행복하다고 느낀다.

바로 이런 것이 남들과 비교하면서 느끼는 행복과 불행이다.

그냥 '내 마음에 드는 나'로 행복을 찾았다면 이 둘은 계속 행복했을 텐데 안타깝다.

비교하지 말고 스스로 행복을 찾아야 하는 이유도 이 때문이다.

여기저기서 소통에 대한 이야기가 나온 지 몇 년 되었다. 사람들에게 물어보면 상대자와 소통이 잘 되지 않아서 불행해진다고 한다.

남자들은 퇴근 후에 집에 들어가면 자기를 이해해 주는 사람이 아무도 없다고 한다. 여자들은 살림하고 아이들 볼보는 게 힘든데 남자들은 자기들만 위해 달라고 한다는 것이다. 이렇게 서로 대화가 안되는 것이다. 상하 좌우 소통이 안 되는 회사는 점점 망해가는 것처럼, 가정도 마찬가지이다. 친구 관계도 마찬가지다. 행복하고 성공하려면 우선적으로 소통이 잘 되어야 한다.

이렇게 해 보시라.

소통의 아주 기본 단위가 대화인데 대화 자체가 안 되니까 짜증나고, 짜증이 겹치니까 행복하다고 못 느끼는 것이다.

쉽게 얘기하면 이런 것이다.

여자들이 길거리를 지나가다가 "어머 저 옷 예쁘다." 하면 무슨 뜻일까? 사 달라는 것이다. 그런데 "어머 저 옷 예쁘다." 하면 "딴 데 가면 예쁜 거 더 많아."라고 받아치면 여자 마음 진짜 몰라 준다고 혼나기 일쑤이다.

그런데 남자들 입장에서 "딴 데 가면 예쁜 거 더 많아."라고 한다는 것은 오늘은 안 사준다는 뜻이다. 서로가 자꾸 다른 얘길 하는 것이다.

감정의 충돌이 생기는 순간이다.

남편이 퇴근했는데 아내가 "밥은?" 하고 물었을 때는 차려 주겠다는 뜻이 아니다.

"먹고 왔다고 제발 말해."라는 뜻일 수도 있는 것이다. 차려 주기 귀찮기 때문에. ㅎㅎ.

우리는 감정의 충돌을 피하기 위해 대화 속에서 상대가 말하는 의중을 빨리 알아채는 기술이 필요하다. 그 기술은 특별한 것이 아니라 그의 마음을 이해하는 것이다.

소통의 방법에는 여러 가지가 있지만, 상대방에게 선물을 주듯 대하라고 강조하고 싶다.

상대의 기를 살려 주는 것이다.

상대의 기를 살려 주면 그 사람이 얼마나 행복하겠는가?

기를 살려 주는 사람과 소통 안 할 수 있겠는가?

마음을 안 열 수가 있겠는가?

그럼 기를 살려 주는 말들이 뭐가 있을까?

"당신 최고야. 당신 섹시해. 당신 잘 할 수 있어. 당신을 믿어."

뭐 이런 말이 아닐까?

내가 아는 후배 중에 한 명은 하는 사업마다 다 실패를 했다. 10년 내내 실패를 했는데 그 때마다 와이프가 이런 말을 해 주었다고 한다.

"나는 당신이 부자가 될 거 같아."

그래서 이 후배는 실패하고 일이 안 될 때마다 '나는 부자가 된다. 나는 반드시 부자가 된다.' 라고 혼자 중얼거렸다고 한다. 지금 그 후배는 엄청난 부자가 되어 있다.

부인이 그의 기를 살려 주는 선물을 계속 준 것이다.

요즘같이 어려울 때에 상대에게 필요한 긍정의 말로 그의 기를 살려 주면, 소통이 원활해지고 행복은 자동으로 찾아올 것이다.

성공은 별것이 아니다. 내 삶의 행복을 소통으로 디자인하면 되는 것이다.

오늘부터라도 상대의 기를 살려 주길 바란다.

그래야 너와 내가 행복하게 성공할 수 있기 때문이다.